JN079526

3分で解く！一級建築士試験 構造力学

山浦 晋弘 著

学芸出版社

はじめに

現在の一級建築士試験制度は平成21年より改定されており、学科Ⅳ（構造）30問と学科Ⅴ（施工）25問をセットで2時間45分以内に解くというものです。つまり、1題あたり平均3分で解いていく必要がありますが、「3分しかないのか」と思った時点であなたの負けです。なぜなら、「1題あたり3分で解いていく」ということは、「3分で解ける問題しか出ない」ということに他ならないからです。

筆者が受験した頃と比べると、確かに学科試験では年々専門性と幅広い知識が求められているように思います。しかし、計算を伴う構造力学問題はさほど変わったようにも思えません。あいかわらず3分程度で解ける問題なのです。しかも、過去の試験問題を分析すると意外な共通点が見られるので、これほど受験対策しやすい科目はないと言えます。

他にも、学科Ⅰ（計画）、学科Ⅱ（環境・設備）、そして学科Ⅲ（法規）と試験科目が多く、日常、仕事（あるいは学業）をしながら限られた時間の中で学習することになるので、特定の科目に多くの時間を割くことはできません。きわめて効率的に学習することが求められます。

本書は、構造分野をすべてマスターすることを目的としたものではなく、構造力学を使った計算問題の全問正解をめざすことに特化した解説本です。計算以外の知識を問う問題では、構造技術者だけが知っていれば良い専門知識まで問うものもありますが、それを捨てて少なくとも確実に点を稼げる計算問題だけは全問正解をめざそうというねらいです。それが結果的に学科Ⅳ（構造）の合格基準点を突破することにつながると確信しています。

そのため、受験されるみなさんにとって最小の努力で最大の効果を得られるよう本の構成を根本的に検討し、問題を3分で解くツボをカテゴリー別に目次化して解説を加えました。目次そのものが解法のテクニックを表しているので、解説をひととおり読んだ後に目次を読み返すと、より理解が深まります。さらに番外編として、学科IV（構造）の合格基準点を突破するためのコツやテクニックをはじめとして、専門知識を問う問題、すなわち一般構造問題に関する要点や重要キーワードをまとめました。試験対策の参考にしてください。

本書を手にとったみなさんが、学科IV（構造）の合格基準点をクリアし、一級建築士試験にみごと合格されることを心より期待しています。

2020年2月吉日

山浦晋弘

本書の特色と活用法について

3分で解く方法を解説

「はじめに」のところでも述べたように、問題を解く時間が1題あたり3分しかかけられないということは、3分で解ける問題しか出ないということです。三段跳びで構造力学問題を攻略するなら、次図のような段階を踏むことになるかと思います。

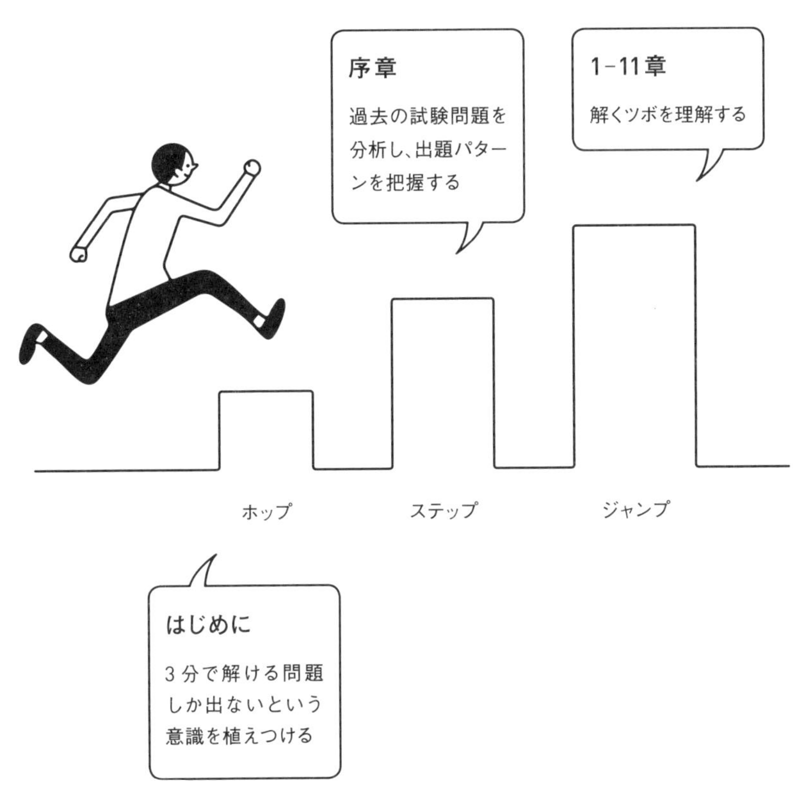

では３分という時間で、どれほどの計算ができるでしょうか。難しい連立方程式など解いている時間などないことがわかると思います。言い換えると、加減乗除の簡単な計算で正解を出せるということなのです。試験会場に電卓の持ち込みが不可となっていることからも、簡単な手計算で解く問題しか出ないということがわかります。それだけでも全問正解できる自信が湧いてきたことと思います。

過去12年間の構造力学問題を分析

平成20年から令和元年までの過去12年間の構造力学問題を分析し、11のジャンル別に一覧表にまとめました。出題パターンがわかれば、それだけでも労力が軽減され、効率よく学習ができます。

問題を解くより、解き方を知ることが大事

本来なら、構造力学の基本を十分理解することが理想です。しかし、目的は試験に合格することですから、問題を解くのに必要最小限の知識さえあれば事足りるわけです。ここでは、「試験に合格したもん勝ち」といった割り切りが必要です。したがって、問題を解くための基礎知識を解説し、最後に演習問題をやる従来の学習スタイルは、受験に限ると決して効率的とは言えません。

そこで、まず３分で解くためのツボを目次化し、それにふさわしい過去の試験問題を厳選して解説するスタイルとし、どこからでも学習を始められる構成にしています。「解説」では、もう少し深く学習したい人のために補足説明をし、理解を深めるよう配慮しました。また、各章の最後に解き方のおさらいをするセルフチェックリストも加えました。まずは、自分でトライしてみてください。わからない場合は、まず解説を読んで解き方を理解すると良いでしょう。

目次

序章

攻略は過去問から

過去12年間の出題ジャンル一覧表

一般的に資格試験では、試験問題の傾向と対策をすることが合格への第一歩とされてきました。本書でも、平成20年から令和元年までの過去12年間の構造力学問題を分析し、各章の構成に合わせて11のジャンル別に一覧表にまとめました。それが次表に示す試験問題の分析結果です。

分類		旧制度			
		H20	H21	H22	H23
第1章	力のつりあい	⑥			
第2章	断面性能と応力度(弾性)	①		⑱	
第3章	トラスの応力	⑤	⑤	⑤	⑤
第4章	梁の応力	②			
第5章	基本的なラーメンの応力	③	③	③④	⑥
第6章	梁、ラーメンの変形		②	②	②
第7章	高次不静定構造		④		③
第8章	断面性能と応力度(全塑性)		①	①	①
第9章	崩壊機構	④			④
第10章	座屈		⑥	⑥	
第11章	振動/応答				⑦
計		6	6	7	7

この表からはっきりとした出題傾向が読み取れ、次のように大胆な予想を立てることができます。また、出題形式も平成21年以降、5肢択一から4肢択一に変更されており、選択肢が減った分、当てずっぽうでも正解する確率が上がっています。

新制度								計
H24	H25	H26	H27	H28	H29	H30	R1	
			⑥			⑥	⑥	4
		①	①		①			5
④	⑤	⑤	⑤	⑤	⑤	⑤	⑤	12
②			②					3
③⑤	⑥	③	③	③	③	③④		14
	②	②		②	②	②	②④	10
	③	⑥					③	5
①	①			①		①	①	8
	④	④	④	④	④			7
⑥					⑥			4
	⑦	⑦		⑥				4
6	7	7	6	6	6	6	6	76

【注】丸囲みの数字は出題番号を示す。

出題傾向の分析

- 計算を伴う構造力学問題は25問中6題（もしくは7題）である。
- 1問目は、「断面性能と応力度」に関する問題で、「弾性」と「全塑性」のいずれかが出題されている。
- 2問目は、「梁の応力」または「梁の変形」が出題されている。
- 3問目は、「（高次不静定を含む）ラーメンの応力」が出題されている。
- 4問目は、コンスタントに「崩壊機構」が出題されていたが、出題されない年は、その分「ラーメン」に関する問題が増える。
- 5問目は、毎年「トラスの応力」が出題されている。
- 6問目は、「力のつりあい」または「座屈」が出題されている。

どうでしょうか？これほどはっきりとした傾向、分析が出ていれば、過去の試験問題で解くためのツボさえ押さえておけば怖いものなしと思いませんか。

学科Ⅳ（構造）の合格基準点は16点（30点満点、正答率53.3%）です。そのうち6問が計算を伴う構造力学の問題ですが、これを6問全問正解すると、残りの構造問題24問中10問正解（正答率41.7%）すれば合格基準点に達することができます。もっともこれらは構造の専門知識を問う問題ですが、知識量に比例して点の取れる問題ですので、多少わからない問題を捨てたとしても余裕で基準点以上取れるようになります。

みなさんは、もうすでにホップ、ステップまでたどり着きました。あとは、ジャンプするのみです。

第1章

力のつりあい

問題 1. 転倒問題は回転のつりあいだけで解ける

（H30-No.6）

図のような剛で滑らない面の上に置いてある直方体の剛体の重心に漸増する水平力が作用する場合、剛体が浮き上がり始めるときの水平力Fの重力Wに対する比$\alpha\left[=\dfrac{F}{W}\right]$の値として、正しいものは、次のうちどれか。ただし、剛体の質量分布は一様とする。

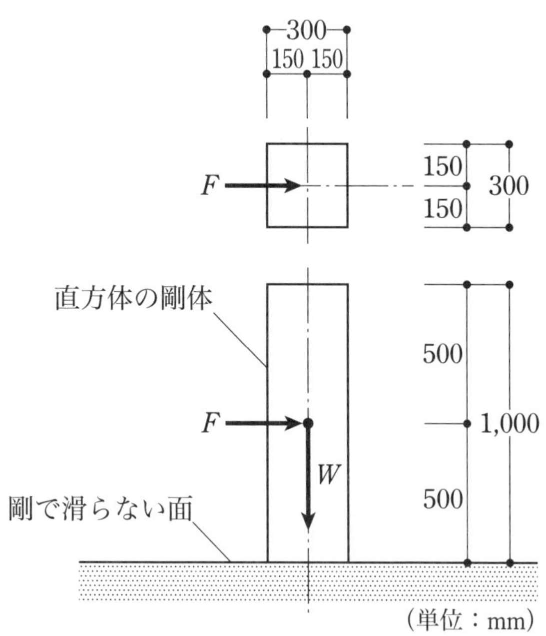

1. 0.15
2. 0.30
3. 0.45
4. 0.60

解説

剛体を横から押せば点Oを中心に時計回りにそれを回転させようとするモーメントM_1が働きますが、剛体には質量があるのでそれに抵抗しようという反時計回りのモーメントM_2も同時に作用します。それら力の大小で剛体が回転、転倒するかどうかが決まる（巻末参考文献１、pp.43－45）ことは誰でもイメージできると思いますが、これをただ式にするだけです。

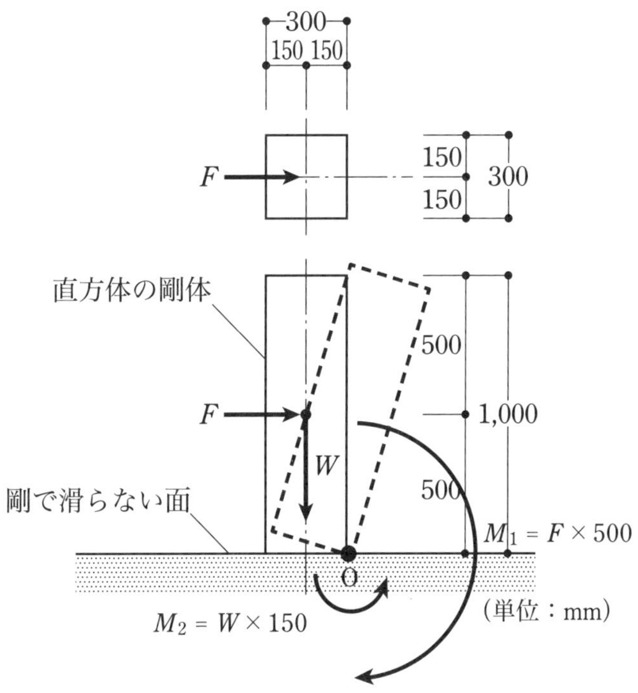

すなわち、$M_1 = F \times 500 > M_2 = W \times 150$

したがって、$\alpha = \dfrac{F}{W} = \dfrac{150}{500} = 0.3$ より「2.」を導くことができます。

問題 2. 問題文のとおり式を立てよ

（H27-No.6）

図のような剛で滑らない面の上に置いてある剛体の重心に漸増する水平力が作用する場合、剛体が浮き上がり始めるときの水平力Fの重力Wに対する比$\alpha\left(=\frac{F}{W}\right)$の値として、正しいものは、次のうちどれか。ただし、剛体の質量分布は一様とする。

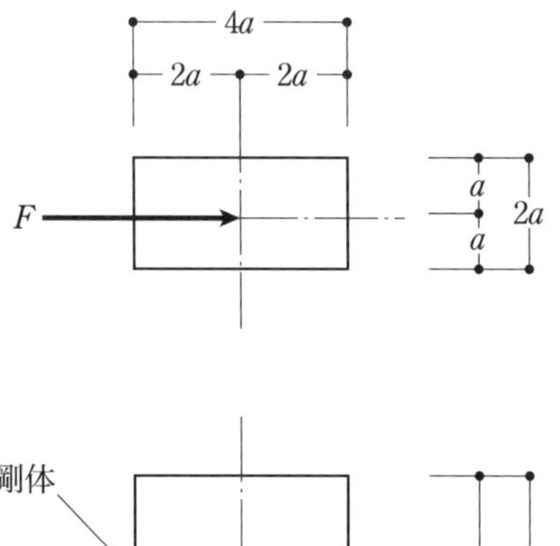

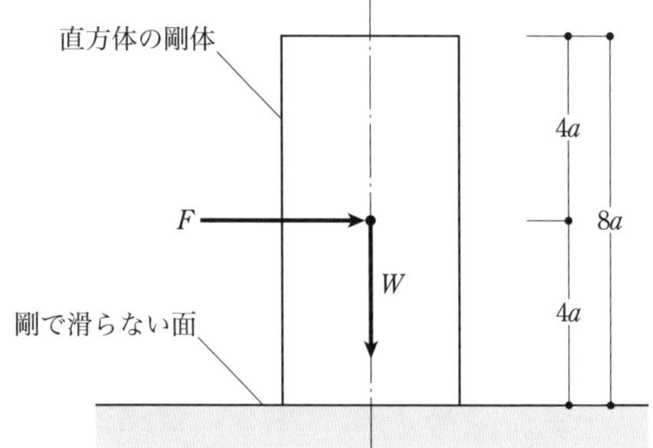

1. 0.25
2. 0.50
3. 0.75
4. 1.00

解説

先ほどの問題と同じなので、簡単に解けると思います。あえて補足しておくと、未知数はFとWの二つなので本来なら連立方程式が二つないと解けませんが、これらの比を求めるだけなら式は一つあれば解けます。その式が点Oまわりのモーメント（回転）のつりあい式です。

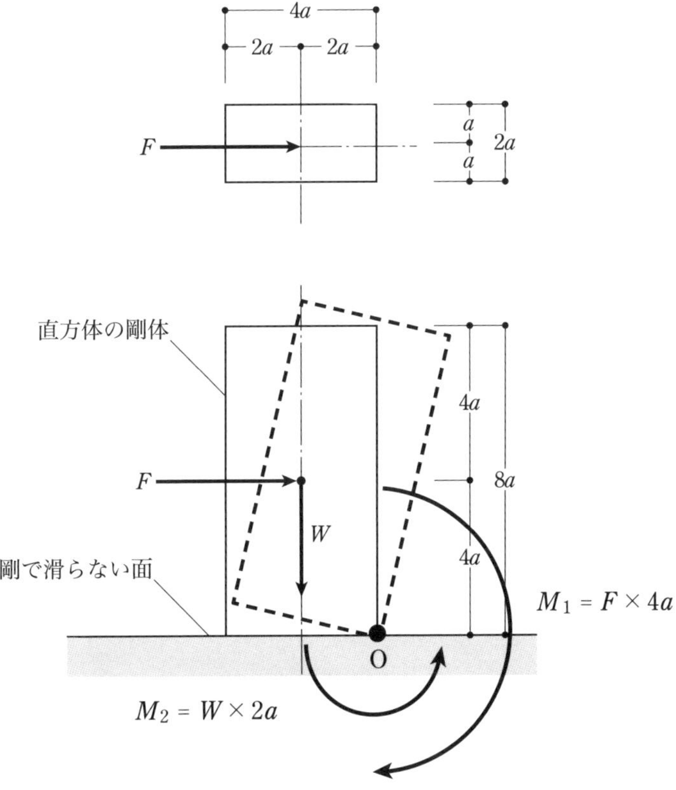

すなわち、$M_1 = F \times 4a > M_2 = W \times 2a$

したがって、$\alpha = \dfrac{F}{W} = \dfrac{2a}{4a} = 0.5$より「2.」を導くことができます。

問題 3. 静定不静定は判別式を使え
(H20-No.6)

次の架構のうち、静定構造はどれか。

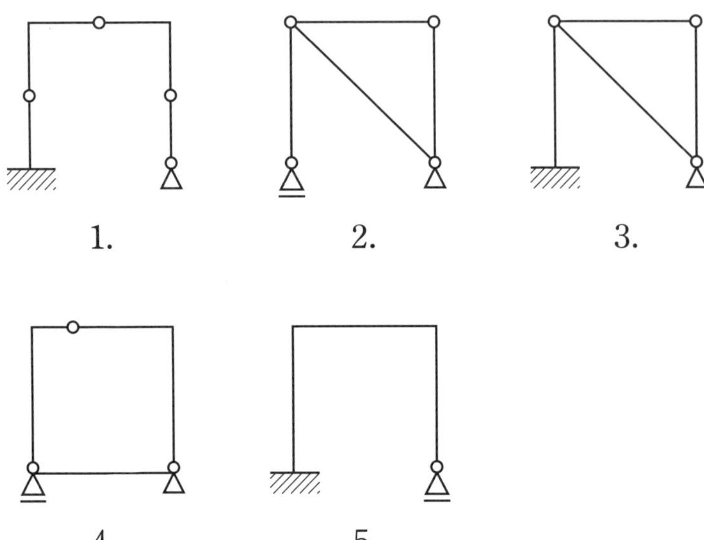

解説

これだけは覚えておこう！

判別式　$m = (n + s + r) - 2k$

ここで　n：反力数

s：部材数

r：各節点で任意の部材に剛接合されている部材数の総和
（各剛節点に集まる部材数から１を引いた部材数の総和）

k：節点数

$m < 0$　不安定

$m = 0$　安定かつ静定

$m > 0$　安定かつ（m次）不静定

反力数は、固定なら3、ピン支点から2、ローラー支点なら1です。また、rについては、次のように数えてください。

各剛節点に集まる部材数は２で、そこから１を引いたものを集計する

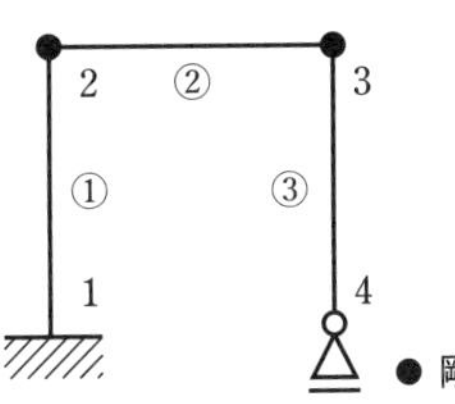

$n = 3 + 1 = 4$

$s = 3$

$r = (2 - 1) \times 2 = 2$

$k = 4$

判別式を計算した結果は次表のとおりとなり、答えは「4.」となります。

選択肢	n	s	r	k	m	判定
1.	5	6	2	7	-1	不安定
2.	3	4	0	4	-1	不安定
3.	5	4	0	4	1	安定かつ１次不静定
4.	3	5	2	5	0	安定かつ静定
5.	4	3	2	4	1	安定かつ１次不静定

問題 4. まず不安定構造を探せ

(R1-No.6)

次の架構のうち、静定構造はどれか。

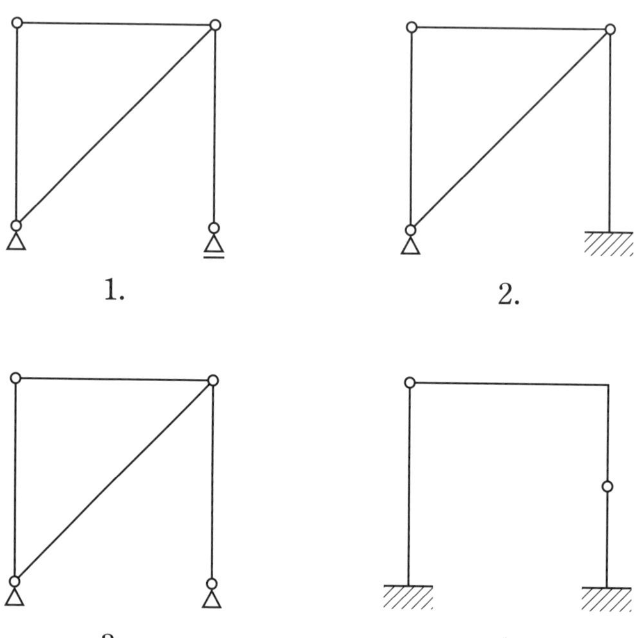

解説

時間に制約があるので、判別式を暗記しないと３分で解くことは難しいと思いますが、変形をイメージして選択肢を絞り込むと時間を節約できます。

たとえば前問の場合、「1.」「2.」は次図のように変形するので、即座に不安定架構だとわかります。

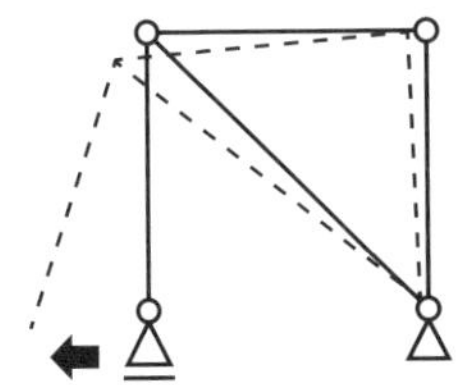

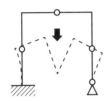

不安定架構

判別式を計算した結果は次表のとおりとなり、答えは「3.」となります。

選択肢	n	s	r	k	m	判定
1.	3	4	0	4	-1	不安定
2.	5	4	0	4	1	安定かつ１次不静定
3.	4	4	0	4	0	安定かつ静定
4.	6	4	1	5	1	安定かつ１次不静定

3分でおさらい

解き方セルフチェックテスト

設問 1. 次の空欄を埋め、文章を完成させなさい。

1 $x-y$ 平面上で力のつりあいを考える場合、(　　　　　)方向、(　　　　　)方向の力の総和がゼロであることに加え、任意の点まわりの（　　　　　）の総和がゼロであることが必要である。

2 転倒問題を扱う問題が出たら、(　　　　　)のつりあい式を立てると解ける。

設問 2. 静定／不静定の判別式を書きなさい。

答え

設問 1. （順に）x、y、モーメント（回転）、モーメント（回転）

設問 2. $m=(n+s+r)-2k$

ここで n：反力数　s：部材数

r：各節点で任意の部材に剛接合されている部材数の総和

k：節点数

第２章

断面性能と応力度（弾性）

問題 1. 基本的な断面性能は暗記せよ

(H27-No.1)

図のような面積の等しい断面A、B及びCのX軸まわりの断面二次モーメントをそれぞれI_{xA}、I_{xB}及びI_{xC}とし、Y軸まわりの断面二次モーメントをそれぞれI_{yA}、I_{yB}及びI_{yC}としたときの大小関係の組合せとして、正しいものは、次のうちどれか。

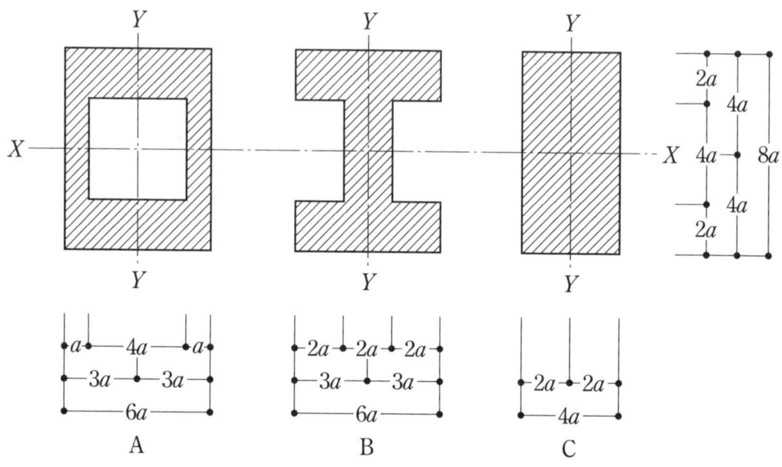

	X軸まわり	Y軸まわり
1.	$I_{xA} = I_{xB} = I_{xC}$	$I_{yA} > I_{yB} > I_{yC}$
2.	$I_{xA} = I_{xB} = I_{xC}$	$I_{yA} > I_{yC} > I_{yB}$
3.	$I_{xA} = I_{xB} > I_{xC}$	$I_{yA} > I_{yB} > I_{yC}$
4.	$I_{xA} = I_{xB} > I_{xC}$	$I_{yA} > I_{yC} > I_{yB}$

解説

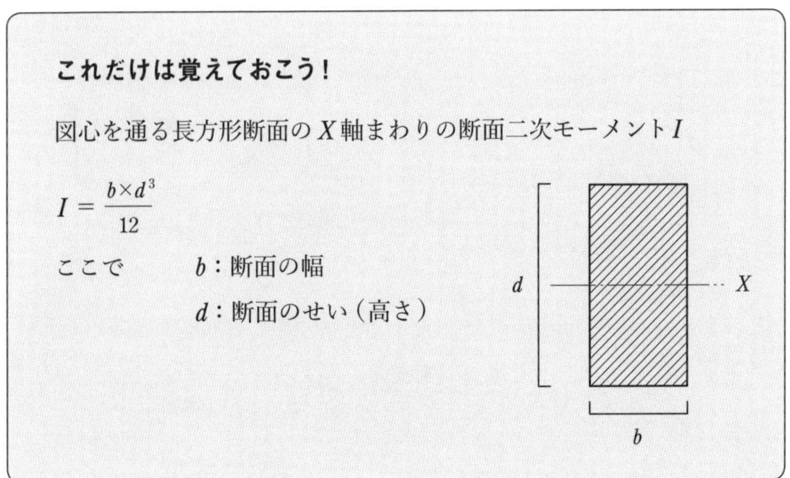

これだけは覚えておこう!
図心を通る長方形断面の X 軸まわりの断面二次モーメント I
$I=\dfrac{b\times d^3}{12}$
ここで　b：断面の幅
d：断面のせい(高さ)
d
X
b

上の式だけで解けるので、これさえ覚えておけばあとはひたすら計算するだけです。Y 軸まわりの断面二次モーメントを求める場合は、断面の幅 b とせい d の関係が入れ替わるので、その点だけ注意してください。

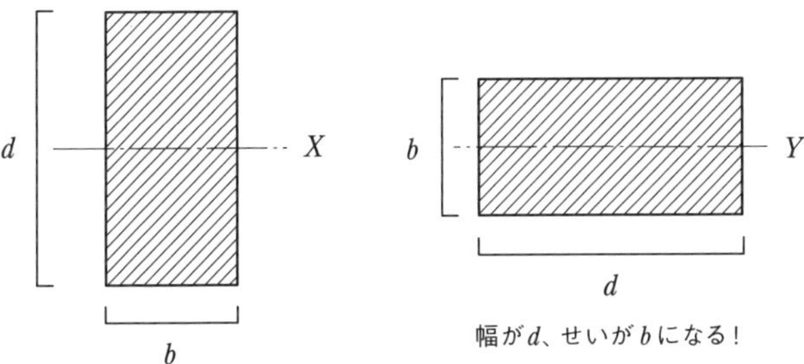

また、いずれの断面も図心に対して左右対称なので、Aのような中空断面の場合は、長方形断面の断面二次モーメント I_1 から中空部分を長方形断面とみなして求めた断面二次モーメント I_2 を差し引いて求めます。

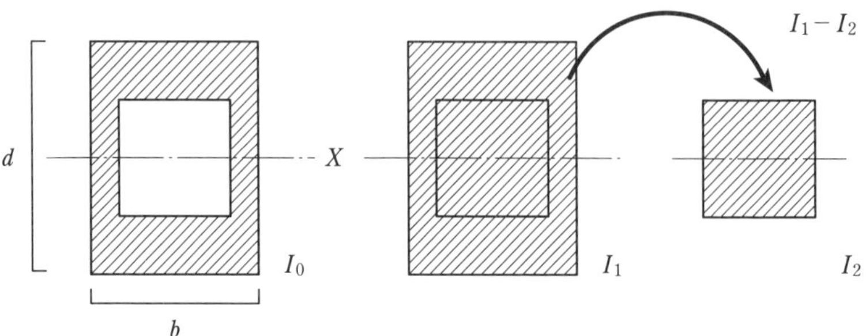

BのようなＩ形断面も同様に、切り欠き部分を長方形断面とみなして求めた断面二次モーメントを差し引きます。

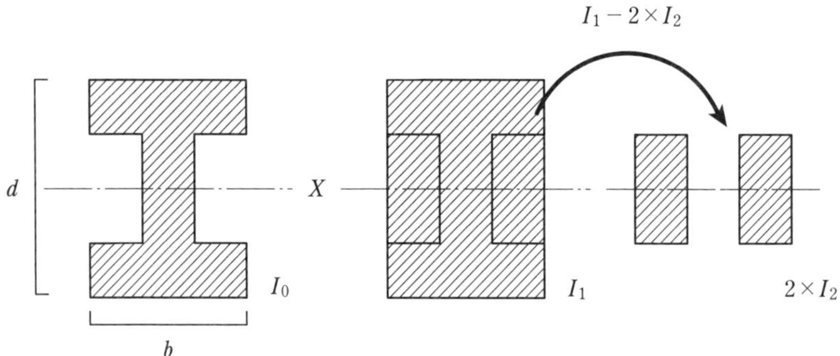

また、Bの図形について、Y軸まわりの断面二次モーメントを求める場合、次のように長方形を三つに分割してそれぞれの断面二次モーメントを求め、それらを足せば簡単に答えが得られます。

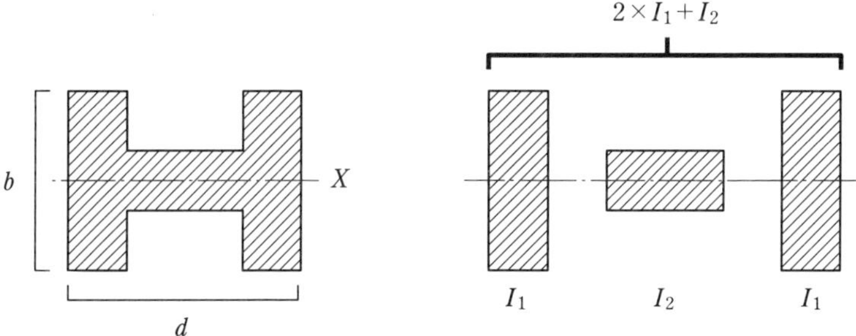

では、具体的に断面二次モーメントを計算してみましょう。

選択肢をよく見ると、X軸に関してはすべてI_{xA}とI_{xB}が等しくなっているので、I_{xA}（またはI_{xB}）とI_{xC}を比較すれば良く、

A $$I_{xA} = \frac{6a \times (8a)^3}{12} - \frac{4a \times (4a)^3}{12} = \frac{2816}{12} a^4$$

C $$I_{xC} = \frac{4a \times (8a)^3}{12} = \frac{2048}{12} a^4$$

より、選択肢は「3.」または「4.」のいずれかに絞られます。Y軸については、選択肢よりI_{yA}が最も大きいので、I_{yB}とI_{yC}を比較すれば良く、

B $$I_{yB} = \frac{4a \times (2a)^3}{12} + 2 \times \frac{2a \times (6a)^3}{12} = \frac{896}{12} a^4$$

C $$I_{yC} = \frac{8a \times (4a)^3}{12} = \frac{512}{12} a^4$$

したがって、$I_{yB} > I_{yC}$より、答えは「3.」となります。

問題 2. 基本的な応力度の公式は暗記せよ

(H29-No.1)

図－1のように、脚部で固定された柱の頂部に鉛直荷重N及び水平荷重Qが作用している。柱の断面形状は図－2に示すような長方形断面であり、鉛直荷重N及び水平荷重Qは断面の図心に作用しているものとする。柱脚部断面における引張縁応力度と圧縮縁応力度との組合せとして、正しいものは、次のうちどれか。ただし、柱は等質等断面とし、自重は無視する。また、応力度は弾性範囲内にあるものとし、引張応力度を「＋」、圧縮応力度を「－」とする。

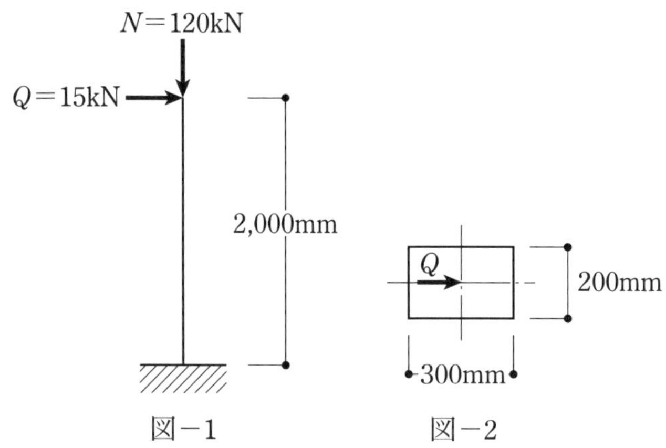

図－1　　図－2

	引張縁応力度 (N/mm^2)	圧縮縁応力度 (N/mm^2)
1.	＋6	－14
2.	＋8	－12
3.	＋11	－19
4.	＋13	－17

解説

これだけは覚えておこう！

棒材に軸力NとX軸まわりに曲げモーメントMが作用する断面の応力度σ

$$\sigma = \frac{N}{A} \pm \frac{M}{Z}$$

ここで　A：断面積

Z：断面係数

長方形断面の断面係数

$$Z = \frac{b \times d^2}{6}$$

ここで　b：断面の幅

d：断面のせい（高さ）

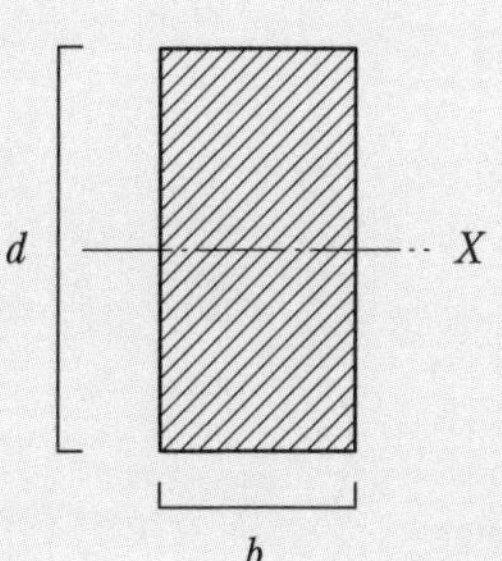

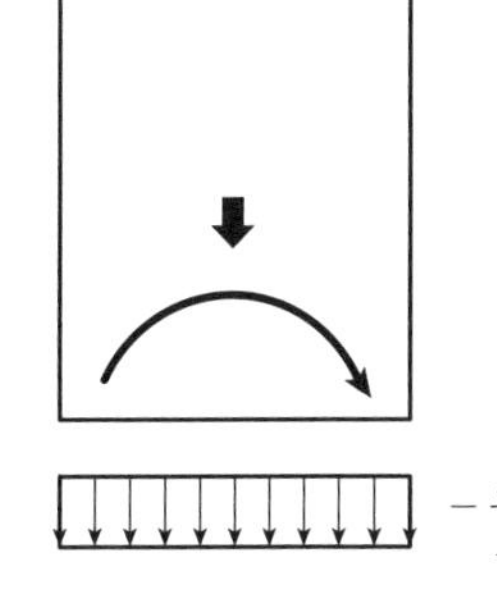

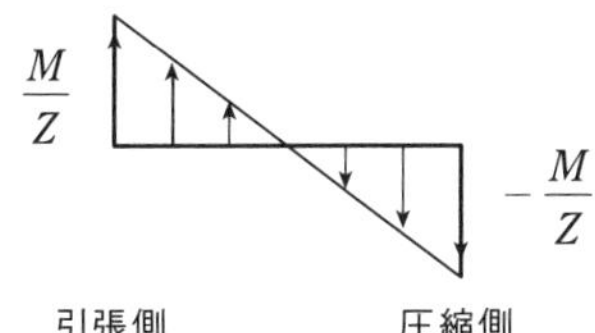

この問題は、公式に数値を代入して計算するだけです。正負の向きだけ注意してください。

$$A = 200 \times 300 = 60 \times 10^3\ \mathrm{mm}^2$$

$$Z = \frac{200 \times 300^2}{6} = 3 \times 10^6\ \mathrm{mm}^3$$

$$M = 15 \times 10^3 \times 2 \times 10^3 = 30 \times 10^6\ \mathrm{Nmm}$$

$$\sigma = \frac{-120 \times 10^3}{60 \times 10^3} \pm \frac{30 \times 10^6}{3 \times 10^6} = +8,\ -12\ \mathrm{N/mm}^2$$

よって、答えは「2.」となります。

問題 3. ラーメンの応力を求めれば解けたも同然

（H22-No.18）

図－1のような鉄骨骨組について、図－2に鉛直荷重時の曲げモーメントと柱脚反力、図－3に地震による水平荷重時の曲げモーメントと柱脚反力を示している。地震時に柱に生じる短期の「圧縮応力度と圧縮側曲げ応力度の和」の最大値として、最も適当なものは、次のうちどれか。ただし、柱は、断面積 $A = 1.0 \times 10^4 mm^2$、断面係数 $Z = 2.0 \times 10^6 mm^3$ とし、断面検討用の応力には節点応力を用いる。

1. $150 N/mm^2$
2. $160 N/mm^2$
3. $170 N/mm^2$
4. $180 N/mm^2$

図－1　骨組形状

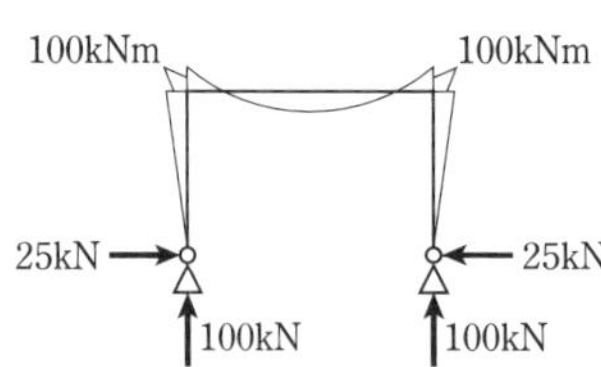

図－2　鉛直荷重時
（曲げモーメント、柱脚反力）

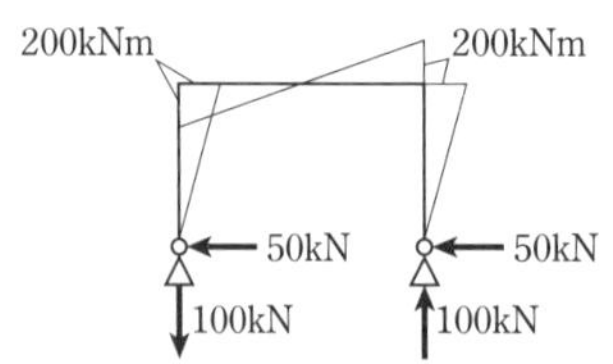

図－3　水平荷重時
（曲げモーメント、柱脚反力）

解説

短期応力は、鉛直荷重時応力と地震時応力の和で定義されるので、軸力と曲げモーメントの組合せ応力さえ求めれば、あとは前項の問題と同様の方法で解くだけです。

柱の応力は柱頭で最大になること、そして右側の柱の圧縮力が最大になることが図からわかるので、この短期応力を求めます。すなわち、

軸力

$$N=(-100-100)\times10^3=-200\times10^3\ \mathrm{N}$$

曲げモーメント

$$M=(-100\pm200)\times10^6=-300\times10^6,\ 100\times10^6\ \mathrm{Nmm}$$

これらより圧縮側の最大応力は

$$N=-200\times10^3\ \mathrm{N}$$

$$M=-300\times10^6\ \mathrm{Nmm}$$

したがって、

$$\sigma=\frac{-200\times10^3}{10\times10^3}-\frac{300\times10^6}{2\times10^6}=-20-150=-170\ \mathrm{N/mm^2}$$

よって、答えは「3.」となります。

3分でおさらい

解き方セルフチェックテスト

設問 1. 図心を通る長方形断面のX軸まわりの断面二次モーメントIと断面係数Zを求める式を書きなさい。

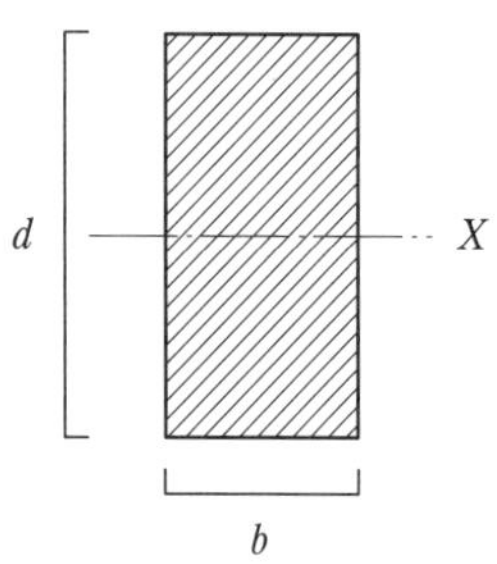

設問 2. 棒材に軸力NとX軸まわりに曲げモーメントMが作用する断面の応力度σを表す式を書きなさい。

答　え

設問 1. $I = \dfrac{b \times d^3}{12}$　　$Z = \dfrac{b \times d^2}{6}$

設問 2. $\sigma = \dfrac{N}{A} \pm \dfrac{M}{Z}$

ここで　A：断面積　　Z：断面係数

第 3 章

トラスの応力

問題 1. トラスが出たら切断法を使え

(H30-No.5)

図のような水平荷重Pが作用するトラスにおいて、部材A及びBに生じる軸力の組合せとして、正しいものは、次のうちどれか。ただし、軸力は、引張力を「+」、圧縮力を「−」とする。

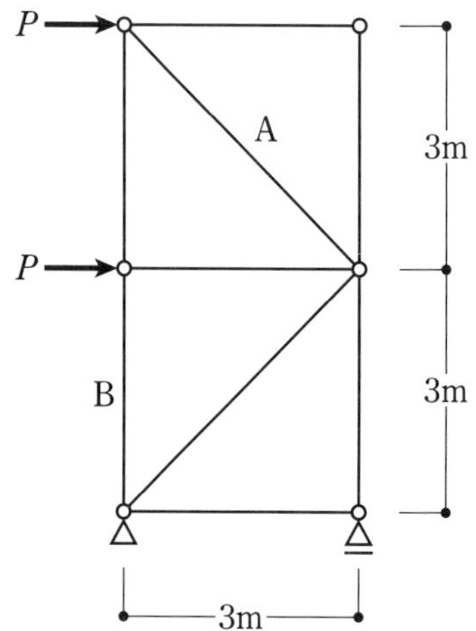

	A	B
1.	$-\frac{\sqrt{2}P}{2}$	$+P$
2.	$-\frac{\sqrt{2}P}{2}$	$+2P$
3.	$-\sqrt{2}P$	$+P$
4.	$-\sqrt{2}P$	$+2P$

解説

特定のトラス部材の軸力を求めるには切断法を用います。手順は次のとおりです。

1. 軸力を求めようとする部材を含む切断面を仮定します。この時、部材や外力、反力の少ない側を選ぶと計算が楽になります。

2. 切断した部材の軸力をそれぞれN_1、N_2、N_3と仮定します。ここでは向きを引張方向に仮定しましたが、圧縮方向に仮定してもかまいません。もし、求めた値が負の値になれば、当初仮定した向きと逆の応力が生じていると解釈してください。

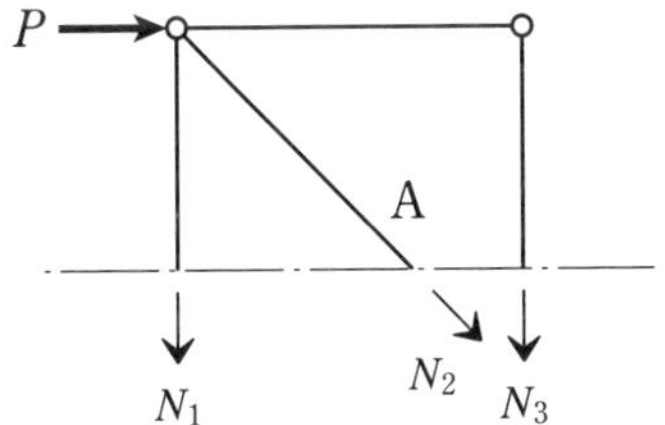

3. つりあい式は、水平方向、鉛直方向、そしてモーメントの三つのうち、どれかを考えれば良いのですが、上の図では水平方向のつり合い式を立てると直接Aの軸力を求めることができます。すなわち、N_2の水平方向の分力が$\dfrac{N_2}{\sqrt{2}}$であるから、

$$P+\frac{N_2}{\sqrt{2}}=0 \qquad \therefore N_2=-\sqrt{2}P$$

4. 次に、部材Bを含む切断面を仮定し、切断した部材の軸力をそれぞれN_4、N_5、N_6と仮定します。ここでも、向きを引張方向に仮定しています。

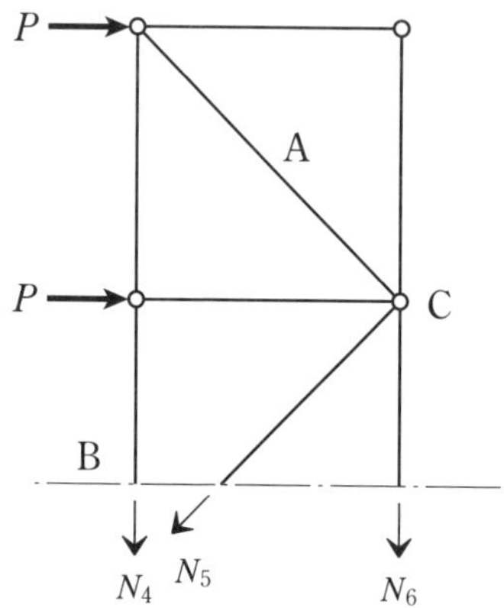

5. 未知数は三つありますが、点Cまわりのモーメントのつりあい式を立てると、未知の応力N_5、N_6の項が一気に消えて直接N_4を求めることができます。すなわち、

$$P \times 3 - N_4 \times 3 = 0 \qquad \therefore N_4 = P$$

したがって、答えは「3.」となります。

補足

支点を含む側のトラスについて計算しても解くことができますが、その場合は支点反力を求める必要があるほか、下の図でわかるようにN_6はすぐに$-3P$と求めることができても、N_4を直接求めることができないので、N_4、N_5を未知数とする連立方程式を二つ立てる必要が出てきます。それがすなわち、水平方向と鉛直方向に関するつりあい式ですが、それでも決して難しい式にはなりません。

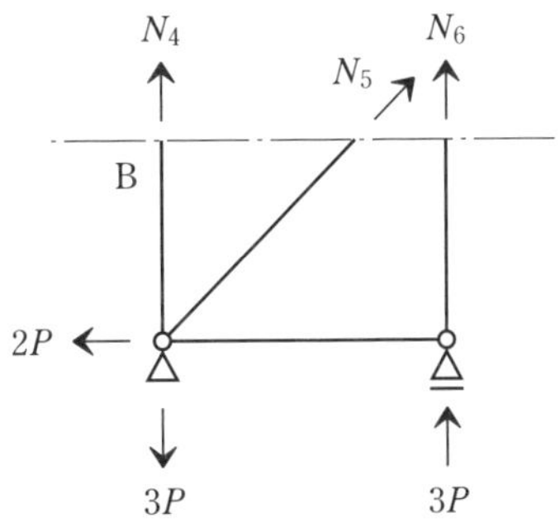

水平方向　$2P - \dfrac{N_5}{\sqrt{2}} = 0$

鉛直方向　$N_4 - 3P + \dfrac{N_5}{\sqrt{2}} = 0$

これらより

$N_5 = 2\sqrt{2}P$

$N_4 = 3P - 2P = P$

支点側のトラス部分で検討しても、同じ答えになります。

問題 2. 支点を含む場合はまず反力から

（H29-No.5）

図のような荷重が作用するトラスにおいて、部材ABに生じる軸方向力として、正しいものは、次のうちどれか。ただし、軸方向力は、引張力を「+」、圧縮力を「−」とする。

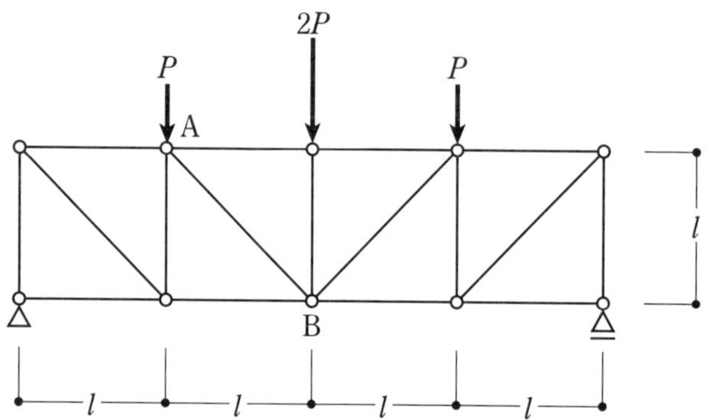

1. $-\sqrt{2}P$
2. $-\dfrac{\sqrt{2}P}{2}$
3. $+\dfrac{\sqrt{2}P}{2}$
4. $+\sqrt{2}P$

解説

これもトラス問題なので、先ほどの問題と同様、切断法を使って解きます。部材ABを含む切断面を次図のように仮定すると、左右どちら側をとっても支点を含みますが、支点を含む場合はまず、全体のフレームで鉛直、水平方向のつりあいから支点反力を求めておきます。反力は、フレームも外力も左右対称なので、鉛直方向は $2P$（上向き）、水平方向はゼロと暗算で求められます。

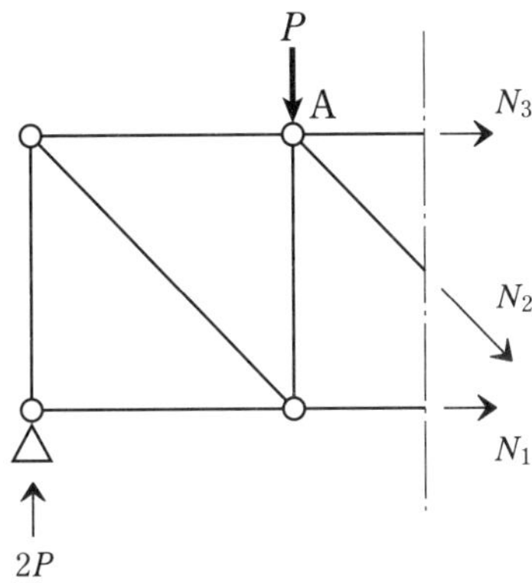

切断した部材の軸力をそれぞれ N_1、N_2、N_3 と仮定します。切り出した部分についてもつりあいが成立しますが、鉛直方向のつりあい式を立てるとうまい具合に斜材の軸力 N_2 だけの式になります。

$$2P - P - \frac{N_2}{\sqrt{2}} = 0 \qquad \therefore N_2 = \sqrt{2}\,P$$

よって、軸力は正の値を取るので、仮定した方向（引張）と同じで、答えは「4.」となります。

問題 3. 不要な未知応力を消す

(H27-No.5)

図のような鉛直荷重Pを受けるトラスにおいて、部材ABに生じる軸方向力として、正しいものは、次のうちどれか。ただし、軸方向力は、引張力を「+」、圧縮力を「−」とする。

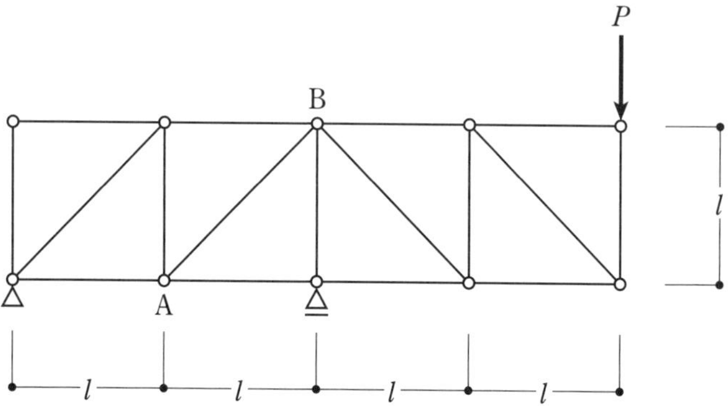

1. $-2\sqrt{2}P$
2. $-\sqrt{2}P$
3. $+\sqrt{2}P$
4. $+2\sqrt{2}P$

解説

もう何を使えば良いかわかりますよね。そう、切断法です。まず、反力から求めてみましょう。水平方向に外力がないので水平反力は生じません。鉛直方向の支点C、Dの反力をR_C、R_Dとすると、点Dまわりのモーメントのつりあいより、

$$R_C \times 2l + P \times 2l = 0 \qquad \therefore R_C = -P \qquad \text{（下向き）}$$

部材ABを含む切断面を次図のように仮定すると、前問と同様に鉛直方向のつりあい式を立てると斜材の軸力N_2だけの式になります。

$$-P + \frac{N_2}{\sqrt{2}} = 0 \qquad \therefore N_2 = \sqrt{2}\,P$$

よって、軸力は正の値を取るので、仮定した方向（引張）と同じで、答えは「3.」となります。

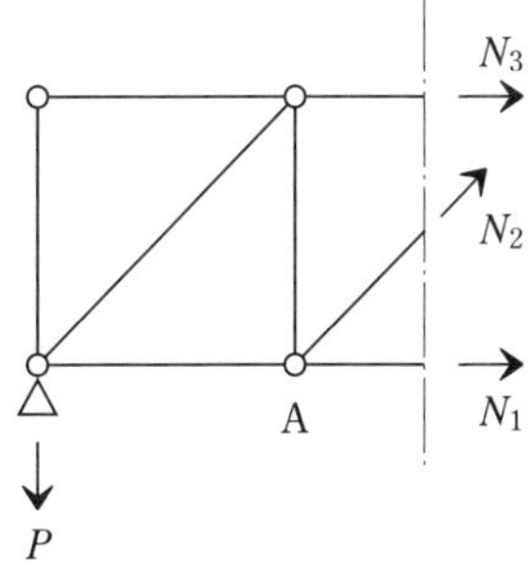

問題 4. 開脚をイメージするだけで解ける

（H21-No.5）

図のような鉛直荷重Pを受けるトラスA、B、Cにおいて、それぞれのローラー支持点の水平変位δ_A、δ_B、δ_Cの大小関係として、正しいものは、次のうちどれか。ただし、各部材は同一材質とし、斜材の断面積はそれぞれa、$2a$、$3a$とし、水平材の断面積はいずれもaとする。

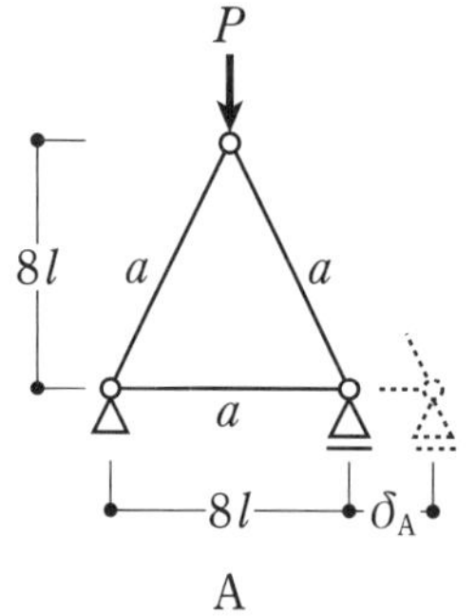

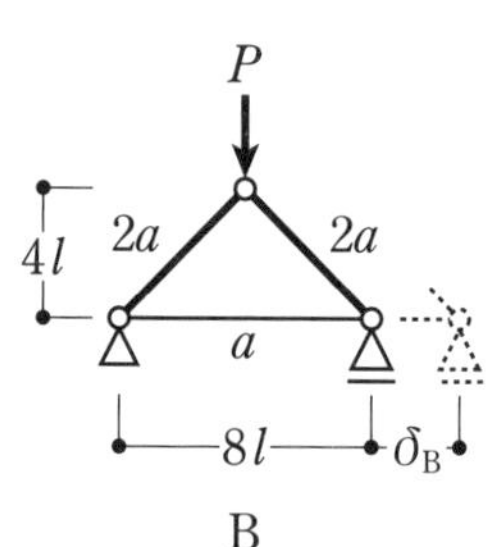

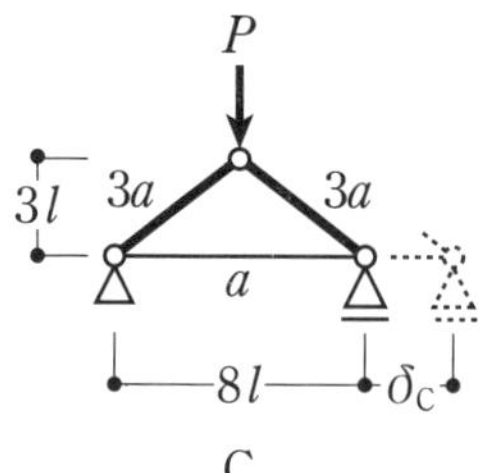

1. $\delta_A > \delta_B > \delta_C$
2. $\delta_A = \delta_B = \delta_C$
3. $\delta_B = \delta_C > \delta_A$
4. $\delta_C > \delta_B > \delta_A$

解説

一見して難しいと思われるかもわかりませんが、（水平部材が同一材質で断面積が等しいことから）ローラー支持点の水平変位が水平部材のひずみ量に等しく、ひずみ量は作用軸力に比例するので、水平部材に作用する軸力を求める問題に置き換えることができます。直感では理解できると思いますが、なぜそうなるかを考えていると3分で問題を解けなくなるので、この根拠については「補足」のところで説明します。

さて、その軸力ですが、実は軸力を計算で求めなくても、誰でも開脚をイメージするだけで簡単に正解を導くことができます。斜材が自分の両脚だと思ってください。脚の長さに関係なくスタンスが狭いほど安定し、逆に広いほど両脚が外側に広がりやすく、元に戻すのに苦労するということが容易に想像できると思います。外側に広がろうとする力に抵抗しようとして両脚間の水平部材に引張力が生じるのですが、これがまさに求めようとする軸力です。ですから、答えは「4.」です。

補足

構造力学を使って計算しないと気持ちが悪い（試験ではこの気持ちが裏目に出ることがある）という方のために、次の図で解説しておきます。鉛直方向の支点反力はいずれも$\frac{P}{2}$になりますが、「つりあい状態にある場合、力の多角形（この場合、三角形）が閉じる」（参考文献1、pp. 48－51）ことを利用し、示力図を描いて水平部材の軸力を求めてみましょう。支点に作用する軸力は、斜材および水平部材の軸力と支点反力の三つです。それらを使って三角形を作ったのが、次頁の図です。この時、支点反力はA～Cとも同じなので、ベクトルの大きさをそろえて描くと計算しなくても線分の長さを比較するだけで大小の判別ができます。

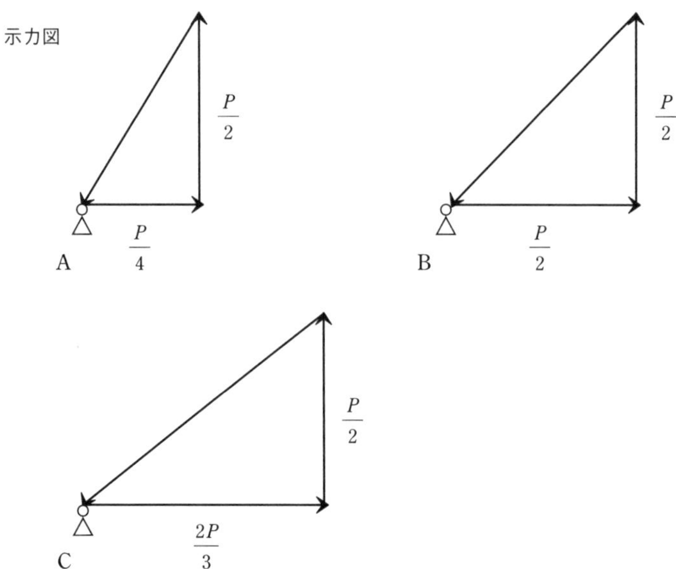

どうです、直感どおりの結果になったでしょう？直感が結構使えることをもっと知ってほしいと思います。さて、最後に解説の冒頭でふれた部材のひずみ量と軸力の関係について述べておきます。

これだけは覚えておこう！

部材長lの均質な棒材に軸力Nが作用する断面の場合、ヤング係数Eと応力度σ、ひずみ度εとの関係は次式で表せます。

$$\sigma = E \times \varepsilon$$

$$\varepsilon = \frac{\Delta l}{l}$$

ここで、Δl：棒材のひずみ量（軸方向変位量）

一方、棒材の断面積A、軸力Nとして

$$\sigma = \frac{N}{A}$$

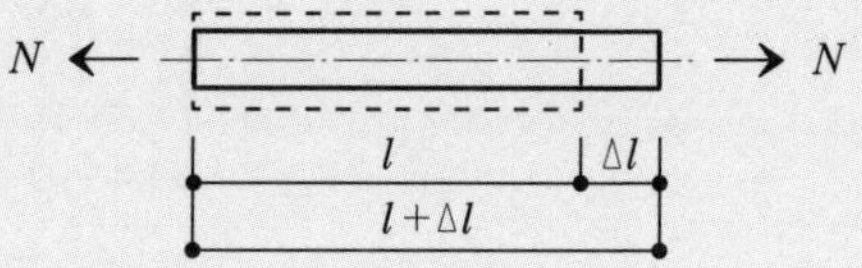

N ← → N
l　Δl
$l+\Delta l$

これらより、

$$E \times \frac{\Delta l}{l} = \frac{N}{A}$$

$$\therefore \Delta l = \frac{N \times l}{E \times A}$$

この式から、水平部材の軸方向変位量が軸力Nに比例することが言えます。これが、水平部材の軸方向変位量の大小を水平部材に作用する軸力の大小問題に置き換えることができる理由です。

問題 5. 片持ちトラスは自由端から

(H20-No.5)

図のような荷重を受けるトラスにおいて、部材ABに生じる軸方向力として、正しいものは、次のうちどれか。ただし、軸方向力は、引張力を「+」、圧縮力を「−」とする。

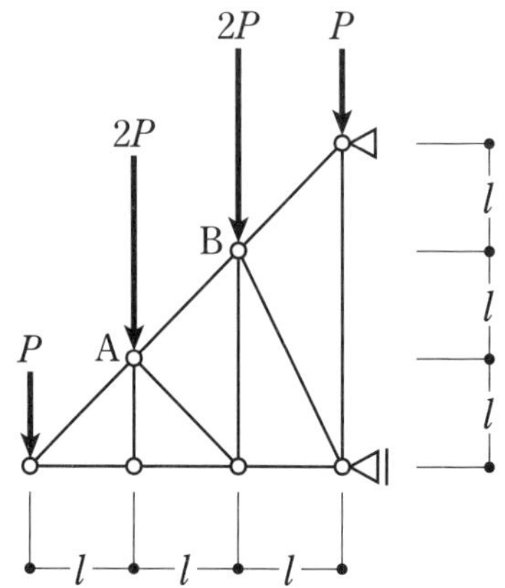

1. $-2\sqrt{2}P$
2. $-\sqrt{2}P$
3. 0
4. $+\sqrt{2}P$
5. $+2\sqrt{2}P$

解説

片持ち部材は、自由端から求めると支点反力を求める必要がなくなるので、自由端側で考えます。

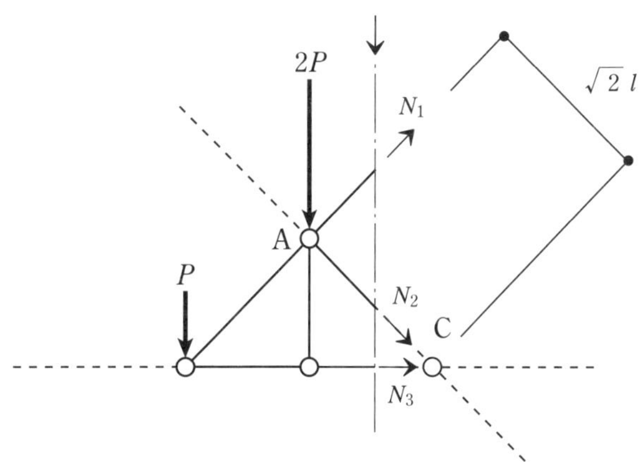

部材ABの軸力N_1を求めれば良いので、点Cまわりのモーメントのつりあい式を立てれば他の未知軸力N_2、N_3を消すことができます。すなわち、

$$-P\times 2l-2P\times l+N_1\times\sqrt{2}\times l=0$$

したがって、$N_1=2\sqrt{2}P$（引張力）より、答えは「5.」となります。

問題 6. 反力、切断、つりあいの順に解く

(R1-No.5)

図のような荷重が作用するトラスにおいて、部材ABに生じる軸方向力として、正しいものは、次のうちどれか。ただし、軸方向力は、引張力を「+」、圧縮力を「−」とする。

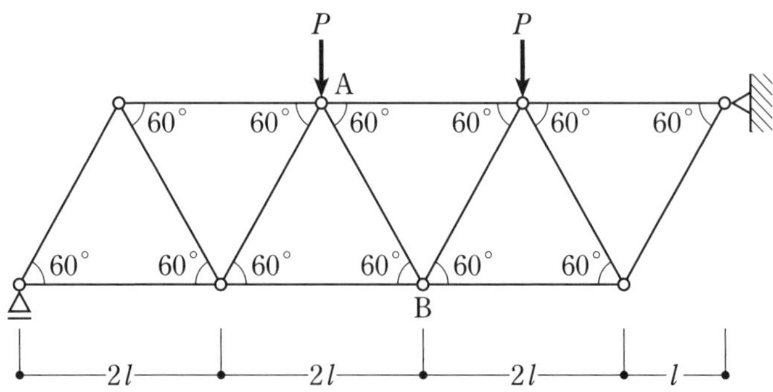

1. $-\dfrac{12}{7\sqrt{3}}P$
2. $-\dfrac{2}{7\sqrt{3}}P$
3. $+\dfrac{2}{7\sqrt{3}}P$
4. $+\dfrac{12}{7\sqrt{3}}P$

解説

トラス問題をおさらいすると、支点反力、切断、つりあいの順に解いていけば答えが得られます。

まず、全体系のモデルで反力を求めておきます。左端の支点をCとし、反力をV_Cとおくと、図右上の支点まわりのつりあいから

$$P \times 2l + P \times 4l = V_C \times 7l \qquad \therefore V_C = \frac{6}{7}P$$

次に、軸力を求める部材ABを含む切断面で切り、左側の図でつりあい式を立てます。

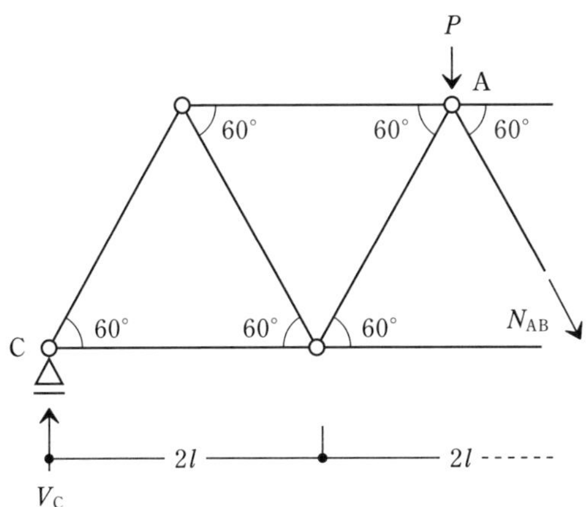

鉛直方向のつりあいより、

$$P + N_{AB}\cos 30^\circ = \frac{6}{7}P \qquad \therefore N_{AB} = -\frac{2}{7\sqrt{3}}P$$

したがって、答えは「2.」となります。

3分でおさらい

☑ 解き方セルフチェックテスト

設問 1. 次の空欄を埋め、文章を完成させなさい。

1　トラス問題が出たら、まず（　　　　　）を求め、その後軸力を求めようとする部材を含む（　　　　　）を仮定し、切り出した部分について（　　　　　）を考える。

2　切断面の部材の未知軸力を複数仮定する時、（　　　　　）の未知軸力を含めずに（　　　　　）の未知軸力だけのつりあい式を立てる。

3　片持ちトラスを扱う場合は、（　　　　　）側から解く。

答　え

設問 1. （順に）支点反力、切断面、つりあい、関係しない部材、直接求める部材、自由端

第4章

梁の応力

問題 1. とにもかくにもタテ、ヨコ、回転

(H20-No.2)

図のような梁のA点及びB点にモーメントが作用している場合、C点に生じる曲げモーメントの大きさとして、正しいものは、次のどれか。

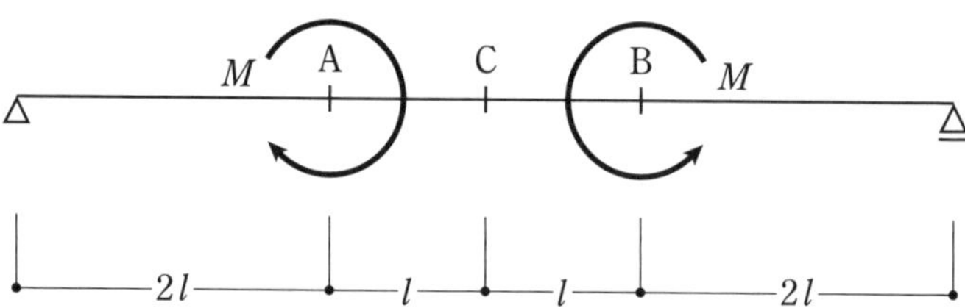

1. 0
2. $\frac{1}{3}M$
3. $\frac{1}{2}M$
4. $\frac{2}{3}M$
5. M

解説

梁の応力を求める問題が出たら、梁の支点反力を求めること、そして鉛直方向、水平方向の力、回転（モーメント）に関するつりあい式を立てることを頭に描いてください。この問題の場合、外力がモーメントだけなので点Dまわりのつりあいを考えると、

$$M - M - R_E \times 6l = 0$$

より、$R_E = R_D = 0$（左右対称より）

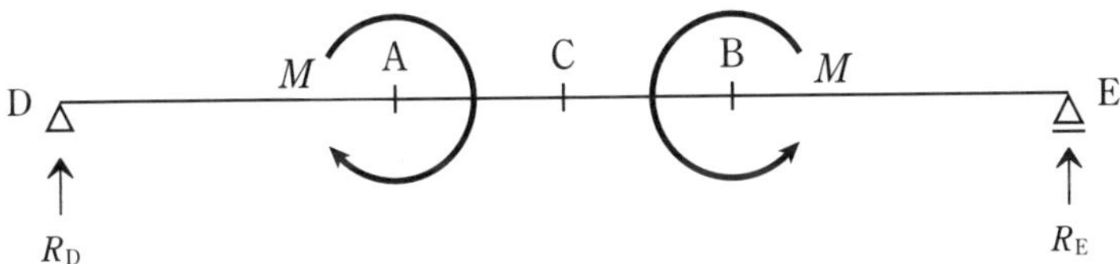

つまり、D－A間、E－B間にはせん断力も曲げモーメントも生じないことがわかります。したがって、左側半分を切り出し、点CのモーメントをM_Cとおくと、点Dまわりのモーメントのつりあいから

$$M - M_C = 0$$

より、$M_C = M$（下に凸）

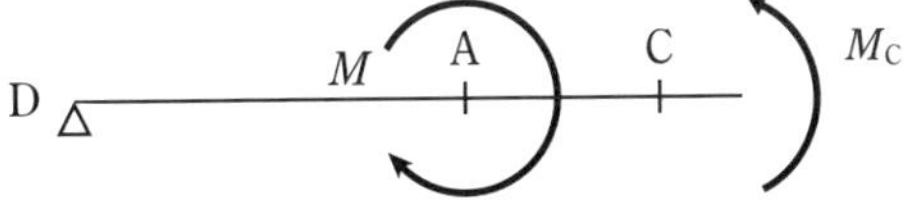

以上より、答えは「5.」となります。

補足

参考までに応力の重ね合わせによる解法を示しておきます。弾性範囲では重ね合わせの原理が成り立ちます。つまり、部材の変形が微小で、部材の応力とひずみが比例する場合、作用する複数の力によって部材に生じる応力と変形を重ね合わせたものに等しく、それはどういう組合せにおいても成立します（参考文献1、pp. 58－59）。

そこで、点A、Bにモーメントが作用する時の曲げモーメント図を別々に描いてみましょう。それぞれの応力図は作用点が対称であるので、応力図も左右対称になります。

点Aにモーメントが作用する時の曲げモーメント図

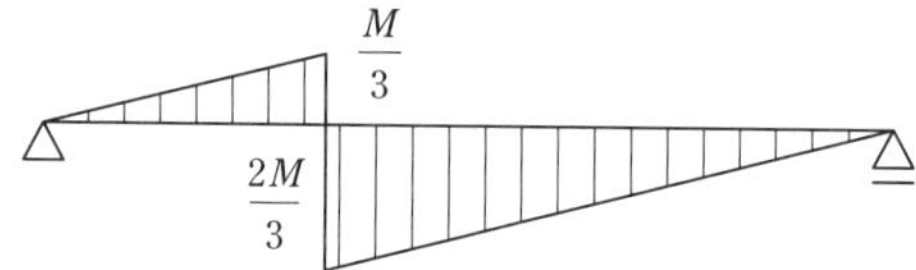

点Bにモーメントが作用する時の曲げモーメント図

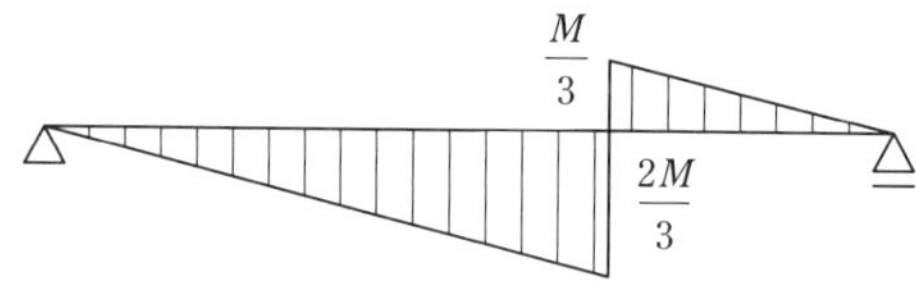

あとはこれらを足し合わせるだけで、点Cの曲げモーメントは次図のようになり、点A－B間で曲げモーメントは一定の値（M）をとることがわかります。

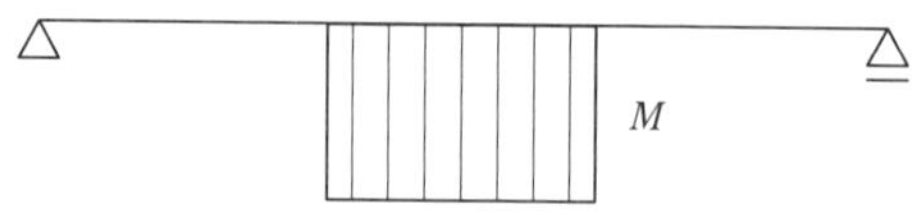

ここで、モーメント荷重について補足しておきましょう。単純梁にモーメント荷重が作用し、左端から右端に移動する場合に曲げモーメントがどう変化するかを表したのが次の図（参考文献 1、p.132）です。

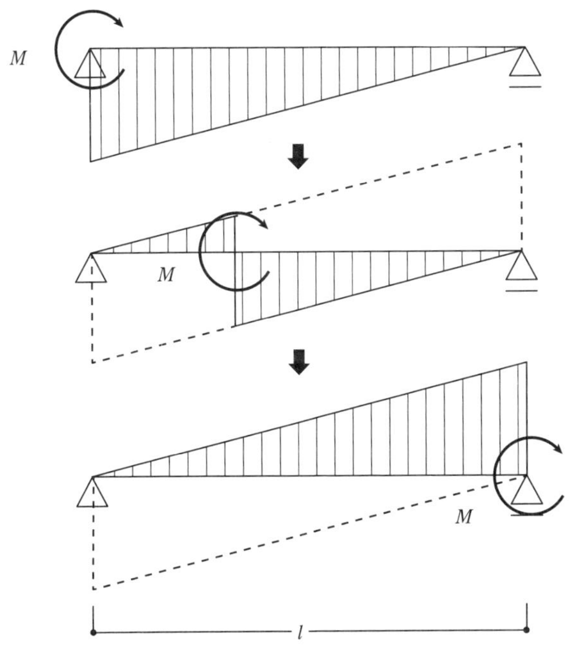

これらの応力図から、モーメント勾配はつねに一定だということがわかります。言い換えると、モーメント荷重が部材のどの位置に作用しようとも、部材に鉛直荷重が作用しなければ、せん断力はつねに一定（$=\frac{M}{l}$）となります。このことを知っていると、今回のように、互いに打ち消しあうようモーメント荷重が対称に作用する問題の場合、せん断力はスパン全長にわたってゼロになることが瞬時にわかります。なお、図のように、モーメント図は荷重載荷点の前後でMの大きさだけ段差が生じる形になります。

問題 2. 問題文をそのまま式にせよ

（H24-No.2）

図のような梁において、B点及びC点にそれぞれ集中荷重P_BとP_Cが作用する場合、支点Aに鉛直反力が生じないようにするためのP_BとP_Cの比として、正しいものは、次のうちどれか。

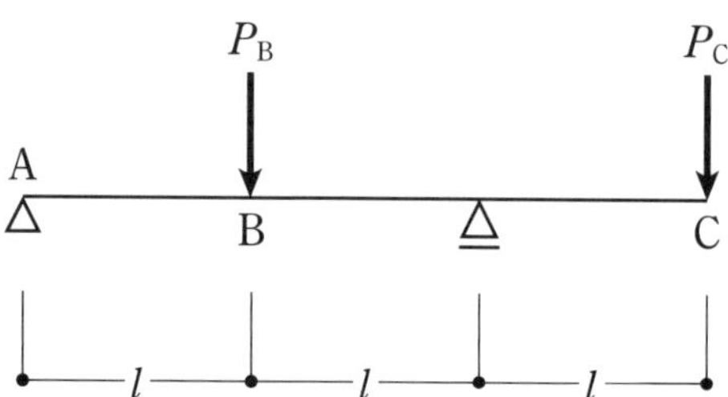

	P_B	:	P_C
1.	1	:	3
2.	1	:	2
3.	1	:	1
4.	2	:	1

解説

この問題も先ほどの「タテ、ヨコ、回転」を考えれば解くことができます。問題文で「支点Aに支点反力が生じないように」とあるので、支点Aの反力をR_Aとしてそのまま式にします。

$$R_A = 0$$

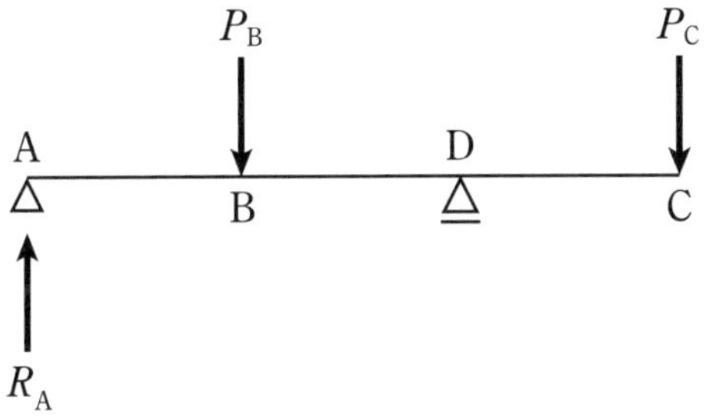

P_B P_C A D B C R_A

一方、点Dまわりのモーメントのつりあいより、

$$R_A \times 2l - P_B \times l + P_C \times l = 0$$

問題文「P_BとP_Cの比」を式にすると、これら二式より

$$\frac{P_B}{P_C} = \frac{1}{1}$$

答えは「3.」となります。

問題 3. 支点の意味がわかれば解決

（H27-No.2）

図－1のようなヤング係数がEで断面二次モーメントがIの等質等断面梁に等分布荷重wが作用している。次の記述のうち、最も不適当なものはどれか。ただし、図－2に示すように、片持ち梁に等分布荷重wが作用する時の自由端のたわみは$\frac{wl^4}{8EI}$、図－3に示すように、片持ち梁の先端に集中荷重Pが作用する時の自由端のたわみは$\frac{Pl^3}{3EI}$である。

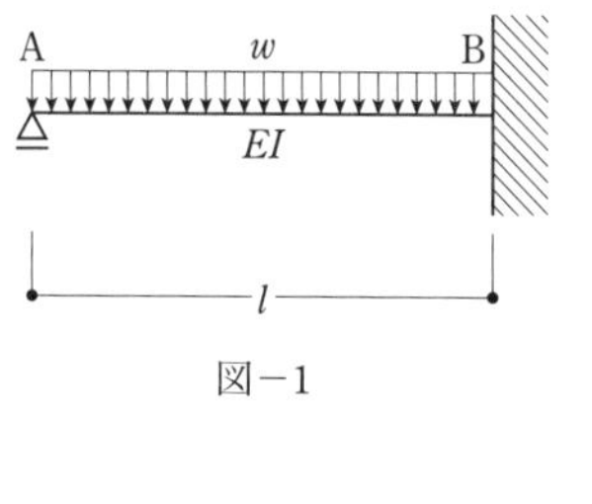

図－1

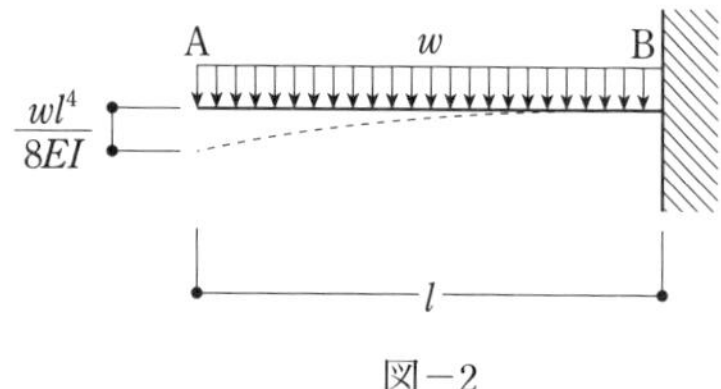

図－2

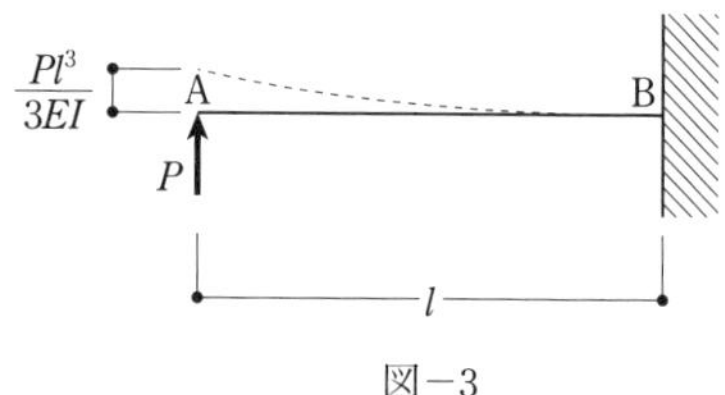

図－3

1. A点の鉛直方向の大きさは、$\frac{3wl}{8}$である。
2. B点の曲げモーメントの大きさは、$\frac{wl^2}{8}$である。
3. A点からB点に向かって$\frac{l}{2}$の位置の曲げモーメントは、0である。
4. A点からB点に向かって$\frac{3l}{8}$の位置のせん断力は、0である。

解説

1. 図－１は、点Aがローラー支点なので鉛直方向変位はゼロです。図－２の片持ち梁の先端たわみをゼロにするような反力を下方から作用させれば図－１の応力状態と等しくなります。したがって、図－2、3のたわみを等しいとおくと、

$$\frac{wl^4}{8EI}=\frac{Pl^3}{3EI}$$

これより、反力 $P=\frac{3wl}{8}$ となり、適当。

2. 「1.」で求めた結果を使って、応力の重ね合わせを利用して解きます。図－2、3の曲げモーメントの総和は

$$\frac{wl^2}{2}-Pl=\frac{wl^2}{2}-\frac{3wl^2}{8}=\frac{wl^2}{8}$$ となり、適当。

3. これも応力の重ね合わせで求めます。図－2、3の曲げモーメントの総和は

$$-\frac{w}{2}\times\left(\frac{l}{2}\right)^2+P\frac{l}{2}=-\frac{wl^2}{8}+\frac{3wl^2}{16}=\frac{wl^2}{16}$$ となり、不適当。

4. （試験ではこの問題を解く必要はない）
これも応力の重ね合わせで求めます。図－2、3のせん断力の総和は

$$-w\times\frac{3l}{8}+P=-w\times\frac{3l}{8}+\frac{3wl}{8}=0$$ となり、適当。

以上より、答えは「3.」となります。

3分でおさらい

☑ 解き方セルフチェックテスト

設問 1. 次の空欄を埋め、文章を完成させなさい。

1　梁の応力を求めるには、まず梁の（　　　　　）を求め、そして（　　　　　）方向、（　　　　　）方向、（　　　　　）に関するつりあい式を立てる。

2　弾性線形範囲において、複数の外力によって梁に生じる応力は、個々の外力による応力を足し合わせたものに等しい。これを（　　　　　）と呼ぶ。

答 え

設問 1. （順に）支点反力、鉛直、水平、回転（モーメント）、
重ね合わせの原理

第5章

基本的なラーメンの応力

問題 1. せん断力から曲げモーメントを求める
(H30-No.3)

図のような水平荷重Pを受ける骨組において、A点における曲げモーメントの大きさとして、正しいものは、次のうちどれか。

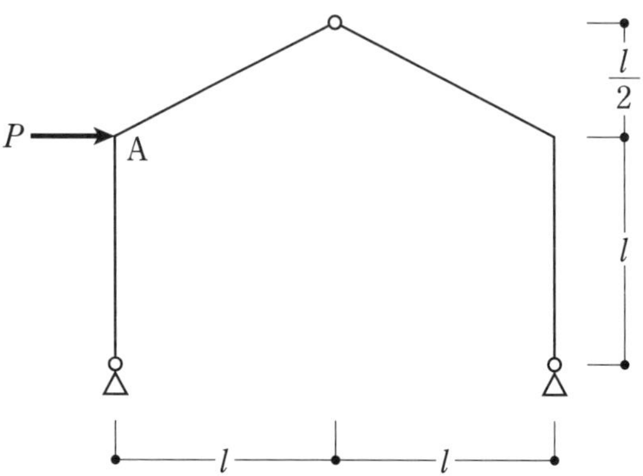

1. $\frac{Pl}{2}$
2. $\frac{2Pl}{3}$
3. $\frac{3Pl}{4}$
4. Pl

解説

「曲げモーメントを求めるには、せん断力を求めれば良い」という点に気づけば解けたも同然です。ここで、下図のように未知の反力を仮定します。

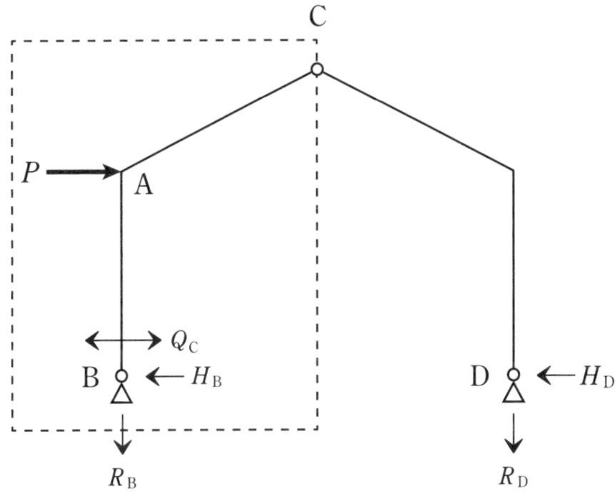

関係のない未知数H_DとR_Dを消すには、点Dまわりのモーメントのつりあい式を立てれば良いので、

$$R_B \times 2l - P \times l = 0 \qquad \therefore R_B = \frac{P}{2}$$

H_Bを求めるには、つりあい式がもう一つ必要で、スリーヒンジ構造であることから左半分のフレーム（点線枠）について点Cまわりのモーメントのつりあい式を立てます。

$$-R_B \times l - P \times \frac{l}{2} + H_B \times \frac{3l}{2} = 0 \qquad \therefore H_B = Q_C = \frac{2P}{3}$$

したがって、$M_A = Q_C \times l = \dfrac{2Pl}{3}$より「2.」が答えとなります。

問題 2. 選択肢が文章ならその順に求めると心得よ

(H30-No.4)

図は、2層のラーメンにおいて、2階に水平荷重P_1、R階に水平荷重P_2が作用したときの柱の曲げモーメントを示したものである。次の記述のうち、誤っているものはどれか。

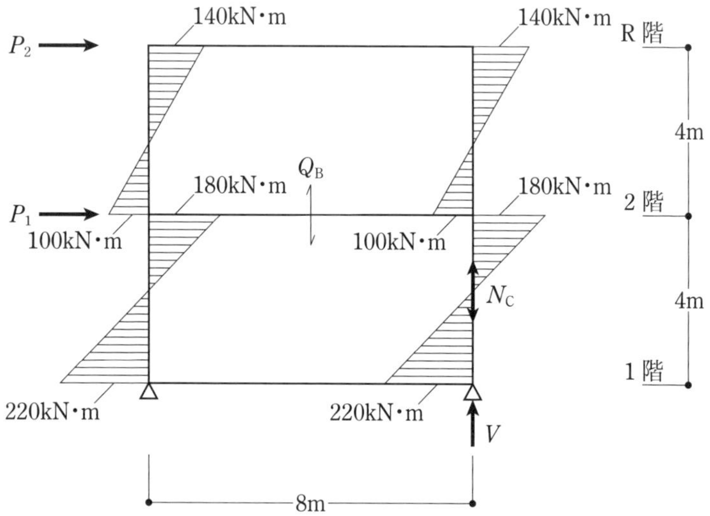

1. 2階に作用する水平荷重P_1は、80kNである。
2. 2階の梁のせん断力Q_Bは、70kNである。
3. 1階右側の柱の軸方向圧縮力N_Cは、105kNである。
4. 右側の支点の鉛直反力Vは、120kNである。

解説

これまでにも選択肢が文章である問題を紹介していますが、最初から順に確認していく必要があり、それがヒントにもなっています。

1. 部材のせん断力はモーメントの勾配（傾き）に等しいので、各階柱のせん断力は次式で求めることができます。

2階柱　$Q_{C2} = \frac{140+100}{4} = 60\text{kN}$

1階柱　$Q_{C1} = \frac{180+220}{4} = 100\text{kN}$

P_1と2階柱のせん断力の総和の和が1階柱のせん断力の総和に等しいので、

$$P_1 + 60 \times 2 = 100 \times 2 \qquad \therefore P_1 = 80\text{kN}$$

となり、正しい。

2. つりあい状態にある2階の梁は両端とも1、2階柱の曲げモーメントの和に等しいこと、部材のせん断力がモーメントの勾配（傾き）に等しいことから

2階梁　$Q_B = \frac{(100+180) \times 2}{8} = 70\text{kN}$　となり、正しい。

3. 柱の軸力は、2、R階の梁のせん断力の総和に等しいので、

$N_C = 35 + 70 = 105\text{kN}$　となり、正しい。

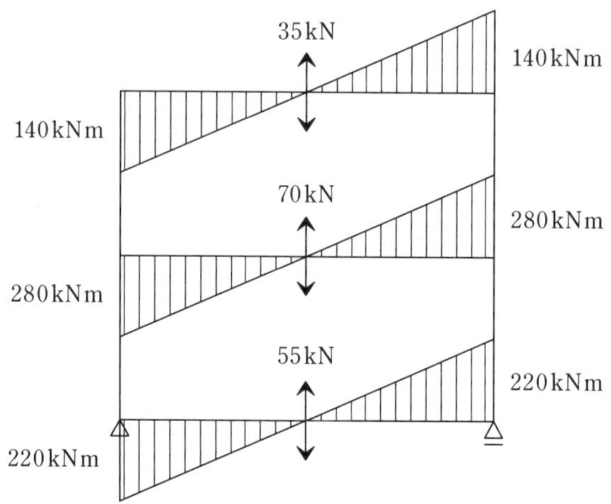

4.　「1.」〜「3.」が正しいので、「4.」が誤りということがわかりますが、念のために計算しておくと、支点の鉛直反力Vは、1〜R階の梁のせん断力の総和に等しいので、

$$N_C = 35 + 70 + 55 = 160\text{kN}$$

となり、誤り。

補足

曲げモーメントとせん断力の関係について補足しておきます。部材のせん断力はモーメントの勾配（傾き）に等しいということを「解説」で述べましたが、曲げモーメントとせん断力、荷重の間には、微分積分の関係があります。この関係は距離と速度、加速度の関係とまったく同じです。

走行距離（変位）	→（微分）→ ←（積分）←	速度	→（微分）→ ←（積分）←	加速度
曲げモーメント	→（微分）→ ←（積分）←	せん断力	→（微分）→ ←（積分）←	荷重

次図のように、モーメントが１次直線分布であれば、せん断力は一定値をとり、モーメントが２次曲線分布であればせん断力は１次直線分布になるということを意味します（参考文献１、pp.97－98）。

	タイプＡ	タイプＢ
荷重	一定（等分布）	―
せん断力	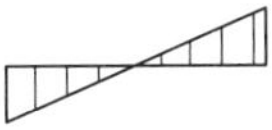 １次直線分布	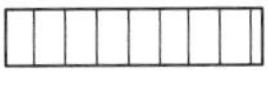 一定
曲げモーメント図	 ２次曲線分布	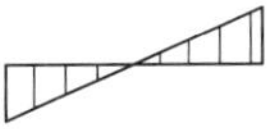 １次直線分布

問題 3. 水平方向の力のつりあいで解ける

（H28-No.3）

図のような筋かいを有する柱脚ピンの骨組に水平荷重100kNが作用したとき、部材BCの引張力Tは100kNであった。このとき、柱ABの柱頭A点における曲げモーメントの絶対値として、正しいものは、次のうちどれか。ただし、梁ACは剛体とし、柱ABと柱CDは等質等断面で伸縮はないものとする。

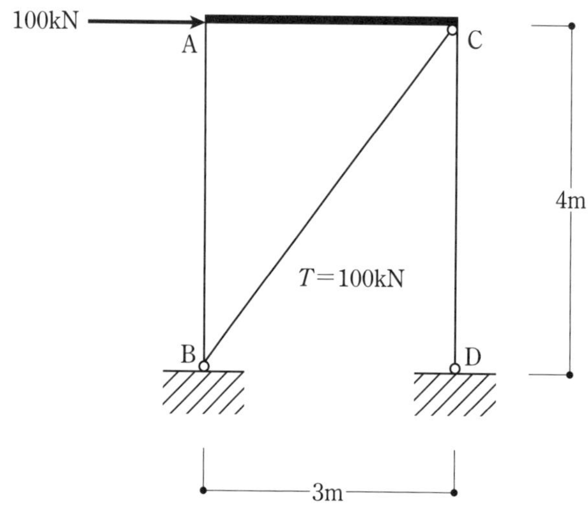

1. 0kNm
2. 20kNm
3. 40kNm
4. 80kNm

解説

水平方向の力のつりあいを考えると、水平荷重は柱AB、柱CDのせん断力 Q_{AB} と Q_{CD}、ブレースBCの引張力の水平成分（分力）H_{BC} の和に等しくなります。

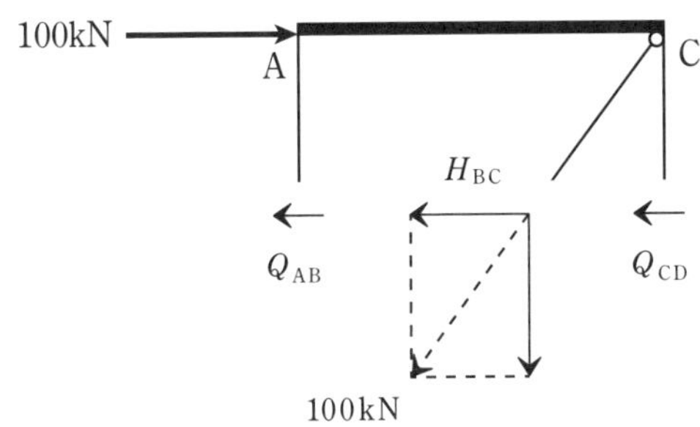

すなわち、$100 - Q_{AB} - Q_{CD} - H_{BC} = 0$

ここで、$Q_{AB} = Q_{CD}$　（∵等質等断面）

$$H_{BC} = 100 \times \frac{3}{5} = 60\text{kN}$$

より、$Q_{AB} = \dfrac{100 - 60}{2} = 20\text{kN}$

したがって、柱頭の曲げモーメントは

$$M = Q_{AB} \times 4 = 80\text{kNm}$$

と得られ、答えは「4.」となります。

参考までに、右図にモーメント図を示しておきます。

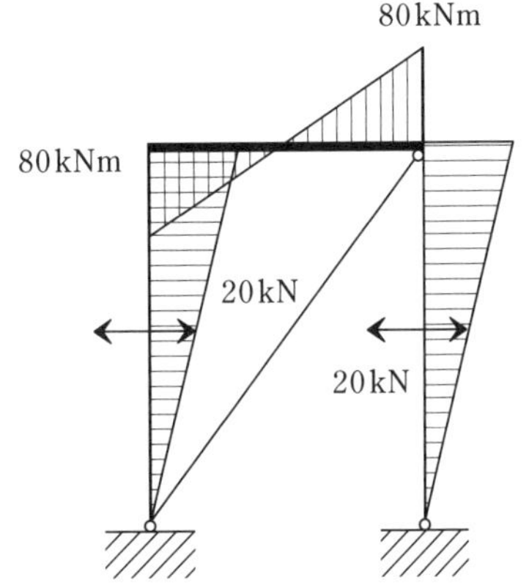

問題 4. 片持ちラーメンはモーメントのつりあいで解ける
(H26-No.3)

図のような鉛直荷重Pと水平荷重Qが作用する骨組において、固定端A点に曲げモーメントが生じない場合の荷重Pと荷重Qとの比として、正しいものは、次のうちどれか。

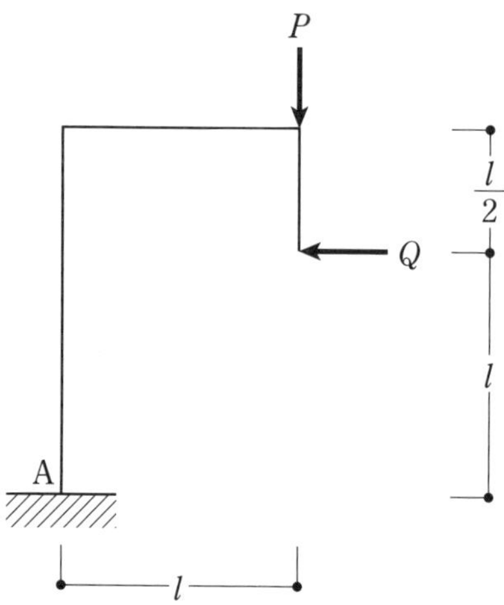

	P	:	Q
1.	1	:	1
2.	2	:	2
3.	2	:	3
4.	3	:	2

解説

問題の文章の中に「固定端A点に曲げモーメントが生じない」といった具体的な内容が記されていたら、これがヒントであり素直に式で表すだけで解ける、と考えてください。

点Aまわりのモーメントは外力がPとQの二つしかないので、

$$M_A = P \times l - Q \times l = 0$$

未知数はPとQの二つですが、比を求めるだけならこの式だけで解けます。

すなわち、$P = Q$

したがって、答えは「1.」となります。

問題 5. 計算せず想像力だけで解決

(H25-No.6)

図－１のような構造物に水平荷重Pが作用した時のせん断力図として、正しいものは次のうちどれか。ただし、せん断力の符号は図－２に示した向きを「＋」とする。

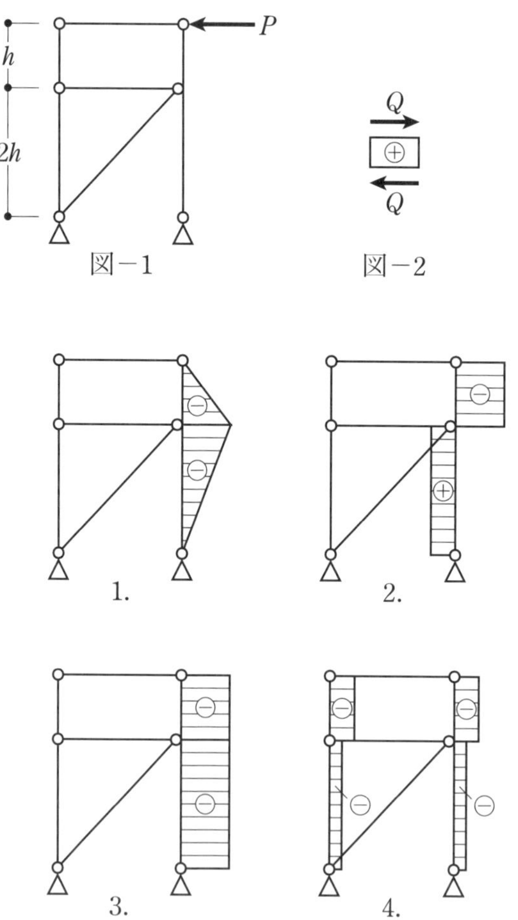

図－１　図－２

解説

この問題は、分布を問うだけで数値まで求めていないので、計算をする必要はなく、想像力を働かせれば解ける問題です。せん断力の分布を求めるために、まず曲げモーメントを求めます。図－１はブレース付きラーメン架構ですが、両端にヒンジがある部材は曲げモーメントを伝えることができません。したがって、曲げモーメントが発生するのは部材ACのみで、これだけで明らかに「4.」は誤りということがわかります。

斜材BDがB点を水平移動するのを抑えようとするので、下図のように部材ACが片持ち梁を含む２連梁と想像することができれば、解けたも同然です。曲モーメント図が一次直線分布になるので、せん断力がその勾配に等しいことから、その分布は一定値をとります。したがって、正解は「2.」か「3.」に絞られます。さらに、AB間とBC間のモーメント勾配が逆になっていることから、せん断力の値は点Bを境に正負の値をとり、正解は「2.」となります。

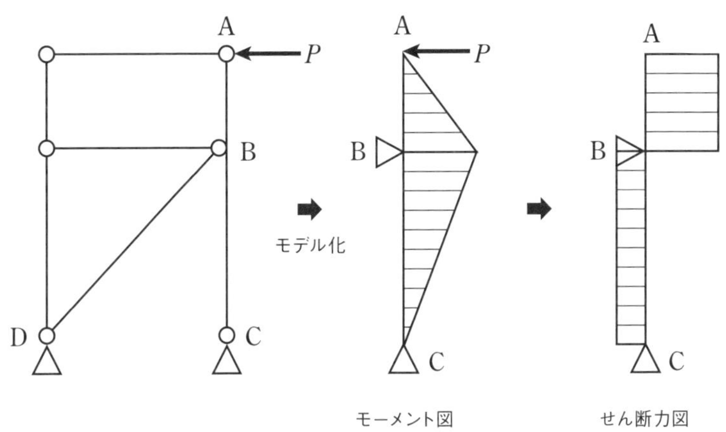

問題 6. スリーヒンジ構造が出たら反力の作用線を引け

(H24-No.3)

図のような荷重が作用する3ヒンジラーメンにおいて、A点における水平反力H_Aの大きさとして、正しいものは、次のうちどれか。

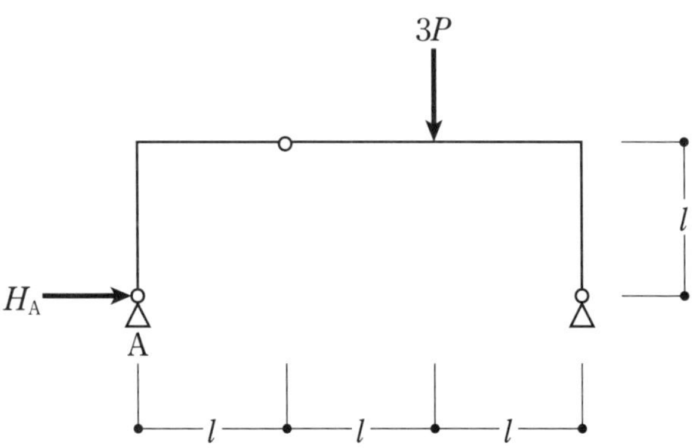

1. $\frac{P}{3}$
2. $\frac{P}{2}$
3. P
4. $2P$

解説

スリーヒンジ構造の問題が出たら、まずヒンジ部分の曲げモーメントがゼロであること、そしてヒンジのいずれかの側のモーメントのつりあいから反力を求めるやり方が正攻法です。

ここでは、「第3章4.」の解説のところで述べた「複数の力がつりあっている時、必ず力の三角形は閉じる」を使って図解で考えてみましょう。支点Aの反力をR_Aとすると、C点の曲げモーメントがゼロであることから、R_Aのベクトルは必ずC点を通ります。R_Aとのベクトルの角度は45°であるから、分力H_A、V_Aの大きさは等しくなります。

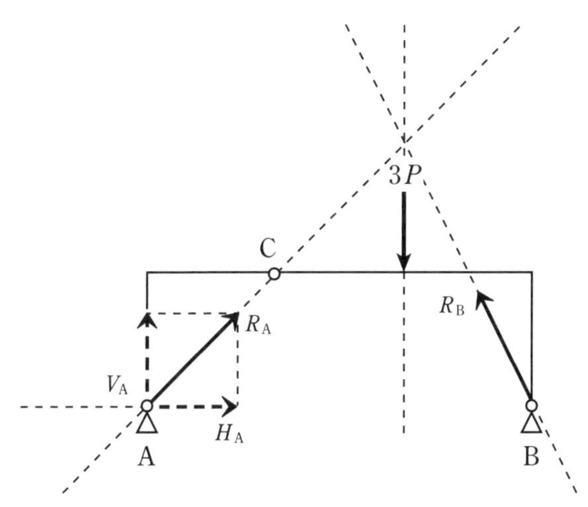

したがって、B点まわりのモーメントのつりあいから、

$$V_A \times 3l - 3P \times l = H_A \times 3l - 3P \times l = 0 \qquad \therefore H_A = P$$

よって、答えは「3.」となります。

問題 7. スリーヒンジ構造はヒンジ部分にも注目

(H21-No.3)

図のような荷重を受ける3ヒンジラーメンにおいて、A点における曲げモーメントの大きさとして、正しいものは、次のうちどれか。

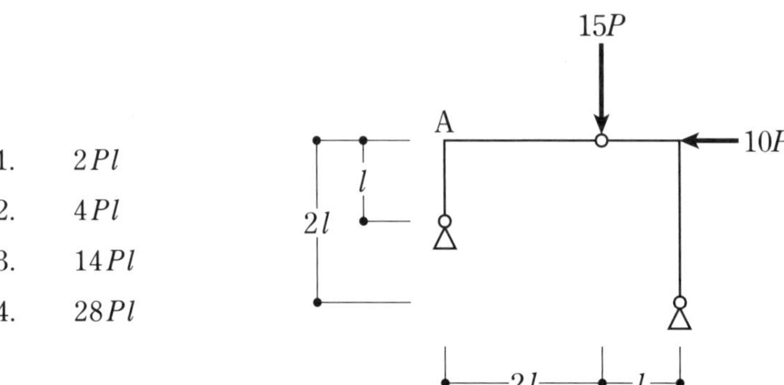

1. $2Pl$
2. $4Pl$
3. $14Pl$
4. $28Pl$

解説

これも前の問題と同様に解いてみます。

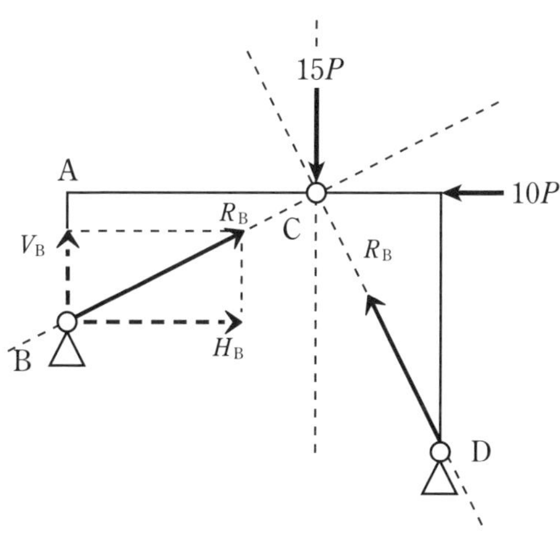

支点反力を含む力の作用線を引くと、すべて点Cを通ります。上の図より

$$H_B = 2 \times V_B$$

また、D点まわりのつりあいから、

$$V_B \times 3l + H_B \times l - 15P \times l - 10P \times 2l = 0$$

$$\therefore H_B = 14P \qquad \therefore M_A = H_B \times l = 14Pl$$

よって、答えは「3.」となります。

問題 8. すでに答えが出ている
(H22-No.3)

図－1のようなラーメンにおいて、A点が鉛直下向きに沈下したとき、ラーメンは図－2のような変形を示した。このときの曲げモーメント図として、正しいものは、次のうちどれか。ただし、柱・梁は等質等断面とし、曲げ変形のみを考慮する。また、曲げモーメント図は材の引張側に描くものとする。

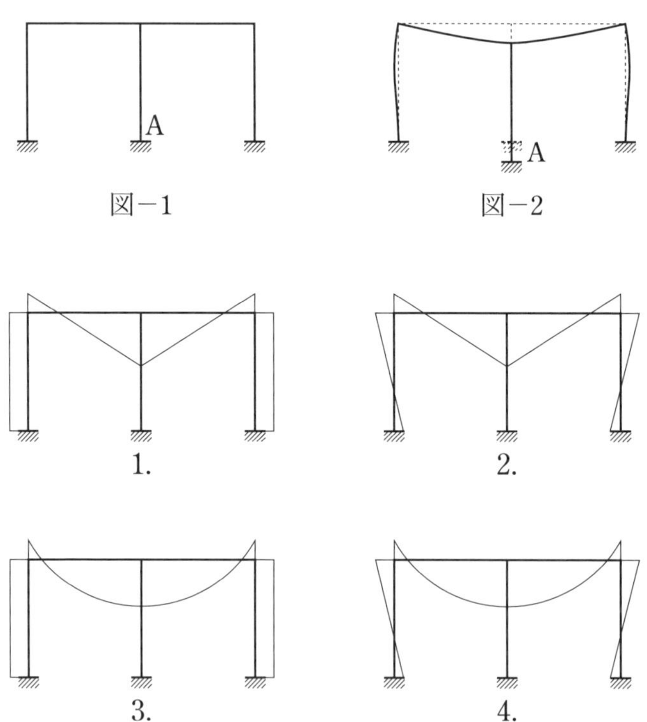

解説

モーメント図は変形をイメージすれば描くことができます。荷重の作用方向に対して部材がどちら側に変形するかを考え、部材同士の剛接合部が直角を保つように部材の変形を描いていくだけでモーメント図が描けます（参考文献 1、pp. 93－98）。部材がどちら側に凸になっているかを示したものが次の図です。

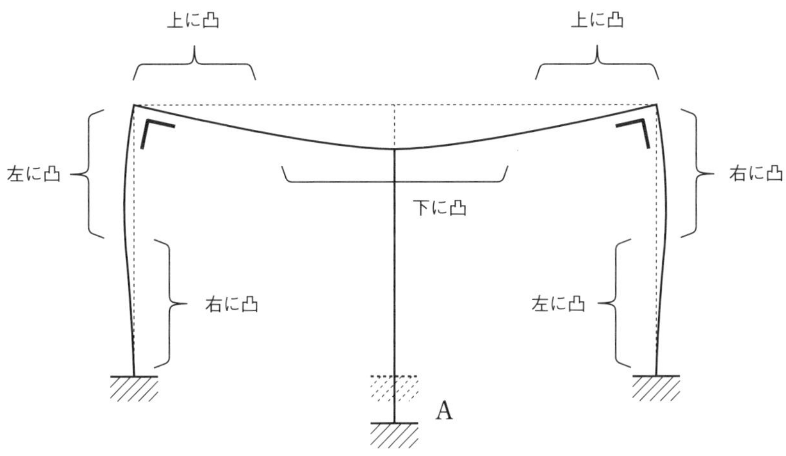

上の図の注記を満たすような曲げモーメント図は、柱部分を見れば「2.」または「4.」のいずれかになります。これらの違いは梁の曲げモーメント分布が一次直線分布か二次曲線分布だけですが、梁に等分布荷重が作用していないので二次曲線分布にはなりません。スパン中央に集中荷重が作用する梁の曲げモーメント分布と同じ形になります。したがって、正解は「2.」となります。ちなみに、この問題では柱端の A 点を下側に引っ張ったものと思えば、スパン中央に集中荷重が作用する梁の曲げモーメント分布（一次直線分布）と同じになります。

3分でおさらい

☑ 解き方セルフチェックテスト

設問 1. 次の空欄にせん断力、荷重、曲げモーメントのいずれかの語句を埋め、双方の関係がわかるようにしなさい。

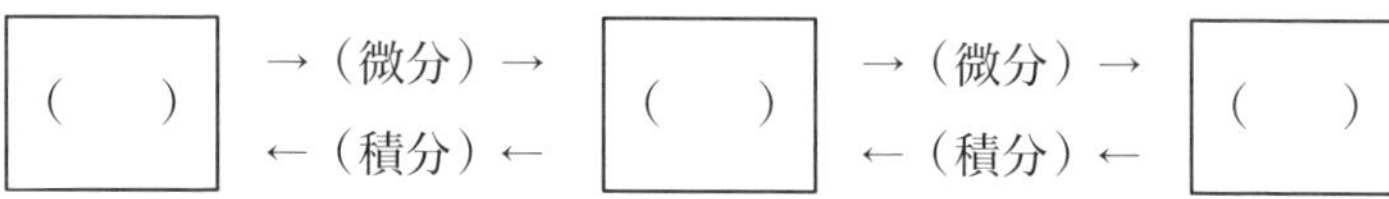

設問 2. 次の空欄を埋め、文章を完成させなさい。

1　スリーヒンジ構造の問題では、まず（　　　　　）部分の曲げモーメントがゼロであること、そしてヒンジのいずれかの側の（　　　　　）のつりあいから反力を求めるのが一般的な解き方である。

2　複数の力がつりあっている時、必ず力の（　　　　　）は閉じる。

3　曲げモーメント図は、（　　　　　）をイメージすれば描ける。

答え

設問 1. （順に）曲げモーメント、せん断力、荷重

設問 2. （順に）ヒンジ、モーメント、三角形、変形

第6章

梁、ラーメンの変形

問題 1. 変形をイメージすれば解ける①
(H30-No.2)

図のような集中荷重 P_A、P_B を受ける梁A、Bの荷重点に生じるたわみ δ_A、δ_B の値が等しいとき、集中荷重 P_A と P_B との比として、正しいものは、次のうちどれか。ただし、梁A、Bは等質等断面の弾性部材とする。

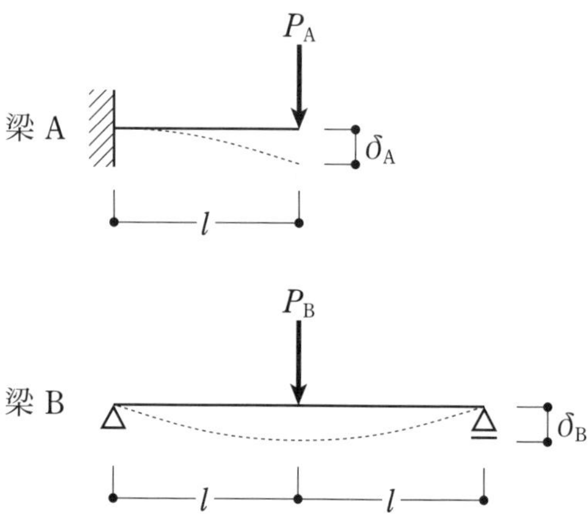

	P_A	:	P_B
1.	1	:	4
2.	1	:	2
3.	1	:	1
4.	2	:	1

解説

まず、梁Bを梁Aの要素に分割します。

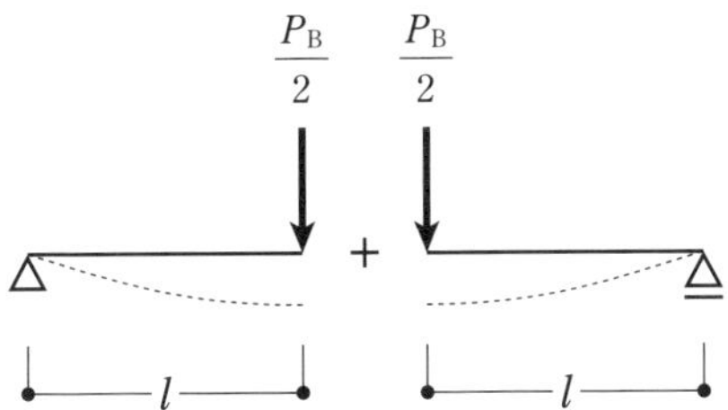

たわみの形を比較すると、両者のたわみの大きさが等しいことから次図のように梁Aを逆さにしたものと同じになります。

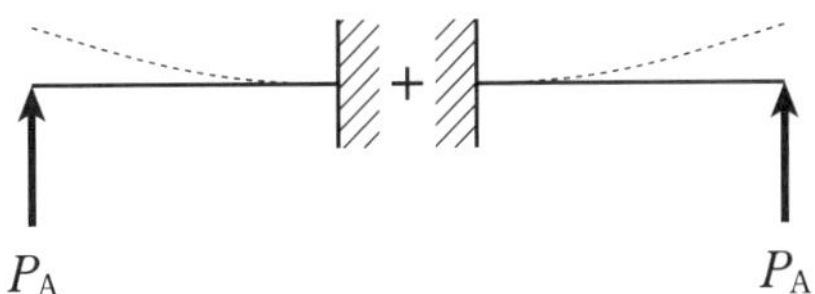

したがって、

$$P_A = \frac{P_B}{2} \quad \text{より、} P_A : P_B = 1 : 2$$

より、答えは「2.」となります。

なお、たわみの公式がわかっていれば

$$\delta_A = \frac{P_A \times l^3}{3EI} \qquad \delta_B = \frac{P_B \times (2l)^3}{48EI} = \frac{P_B \times l^3}{6EI}$$

からP_AとP_Bの比を求めることもできます。

問題 2. 変形をイメージすれば解ける②

（H25-No.2）

図のような梁A及びBに等分布荷重wが作用したときの曲げによる最大たわみδ_Aとδ_Bとの比として、正しいものは、次のうちどれか。ただし、梁A及びBは等質等断面の弾性部材とする。

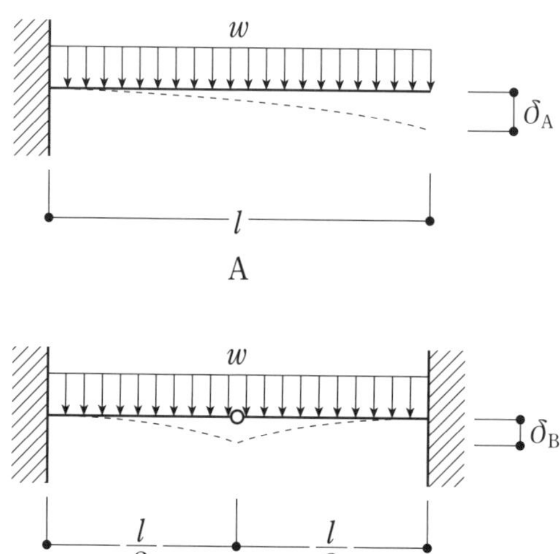

	δ_A	:	δ_B
1.	2	:	1
2.	4	:	1
3.	8	:	1
4.	16	:	1

解説

この問題も変形をイメージすれば簡単に解くことができます。等分布荷重が作用する片持ち梁のたわみ式を覚えておく必要がありますが、それを各部材に適用すると次のようになります。

梁A　　$\delta_A = \dfrac{wl^4}{8EI}$

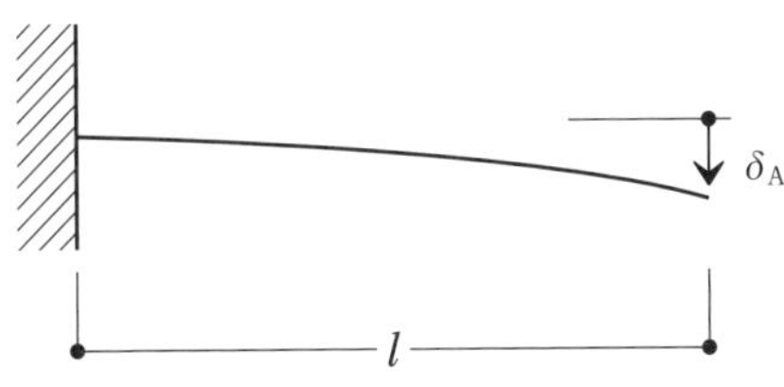

梁B　　$\delta_B = \dfrac{w\left(\frac{l}{2}\right)^4}{8EI} = \dfrac{1}{16} \times \dfrac{wl^4}{8EI}$

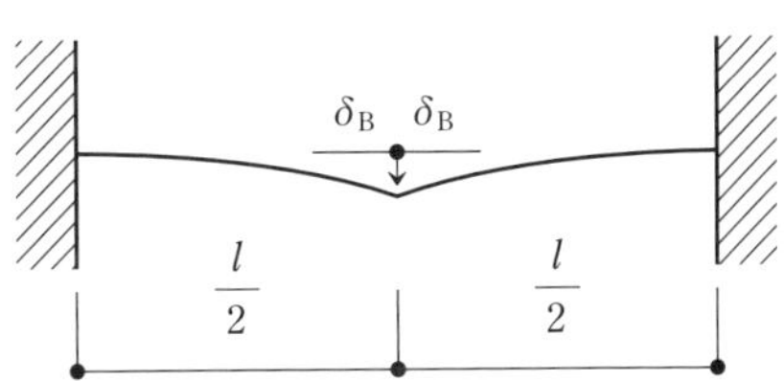

したがって、$\delta_A : \delta_B = 16 : 1$ より、答えは「4.」となります。

問題 3. 問題文はヒントを与えている

（H22-No.2）

図－１のような等質等断面で曲げ剛性EIの片持ち梁のＡ点に曲げモーメントMが作用すると、自由端Ａ点の回転角は$\frac{Ml}{EI}$となる。図－２のような等質等断面で曲げ剛性EIの片持ち梁のＡ点及びＢ点に逆向きの二つの曲げモーメントが作用している場合、自由端Ｃ点の回転角の大きさとして、正しいものは、次のうちどれか。

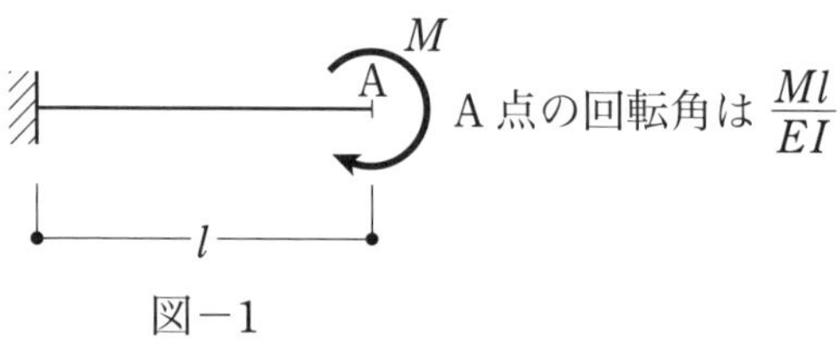

図－1

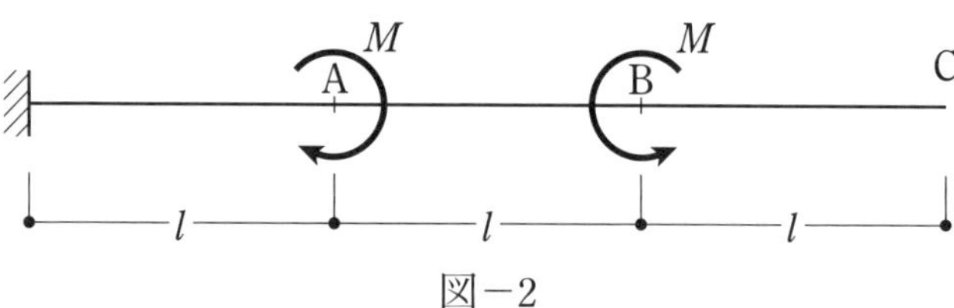

図－2

1. 0

2. $\frac{Ml}{EI}$

3. $\frac{2Ml}{EI}$

4. $\frac{3Ml}{EI}$

解説

図－１をヒントに、図－２を次のようにM_AとM_Bに分解して解きます。この時、B点にモーメントMが作用する時の回転角は、スパンを$2l$として計算します。

また、外力が作用しない範囲において回転角は一定となるので、材端Cにおける回転角はそれぞれA点、B点における回転角と同じになりますが、それがわかるかどうかがポイントになります。

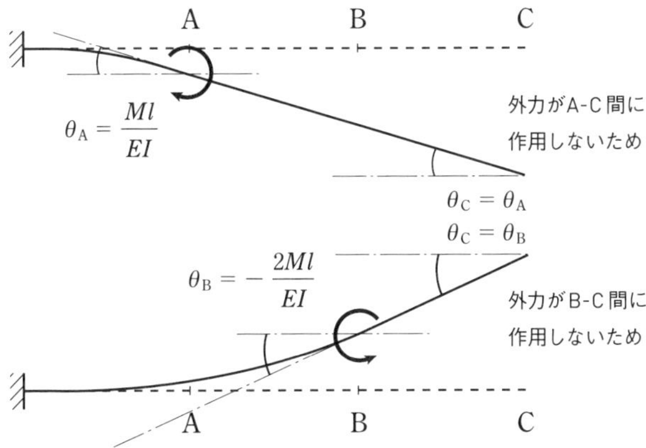

以上より、A点、B点にモーメントが同時に作用した場合の回転角は、それらを足し合わせて、

$$\theta_C = \theta_A + \theta_B = \frac{Ml}{EI} - \frac{2Ml}{EI} = -\frac{Ml}{EI}$$

と求めることができます。したがって、回転角の大きさはその絶対値

$$\theta_C = \frac{Ml}{EI}$$

すなわち、「2.」が答えとなります。

問題 4. たわみはIに反比例し、lの3乗（4乗）に比例する

（H29-No.2）

図のような断面形状の単純梁A及びBの中央に集中荷重Pが作用したとき、それぞれ曲げによる最大たわみδ_A及びδ_Bが生じている。δ_Aとδ_Bとの比として、正しいものは、次のうちどれか。ただし、梁A及びBは同一材質の弾性部材とし、自重は無視する。また、梁Bは重ね梁であり、接触面の摩擦はないものとする。

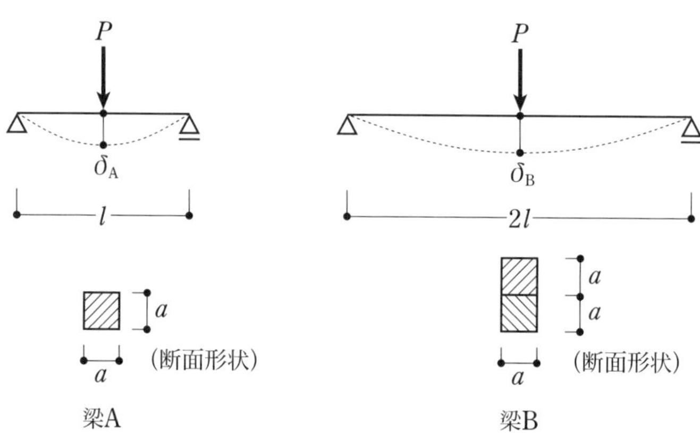

	δ_A	:	δ_B
1.	1	:	1
2.	1	:	2
3.	1	:	4
4.	1	:	8

解説

図Aに示すスパンlの単純梁に集中荷重Pが作用する場合の梁中央のたわみは

$$\delta = \frac{Pl^3}{48EI}$$

ここで、E：ヤング係数
I：断面二次モーメント

で与えられます。梁A、Bとも同一材質であるからEは共通の値をとります。また、梁Bは梁Aの断面を二つ重ねただけであるから、せいが$2a$の梁とはみなせず、断面性能（I）が単純に2倍にしかならないことに注意してください。

したがって、

$$\frac{\delta_A}{\delta_B} = \frac{Pl^3}{48EI} \times \frac{48E\times(2\times I)}{P(2l)^3} = \frac{2}{8} = \frac{1}{4}$$

より、答えは「3.」となります。

この問題のように、同じ梁形式（単純梁）で、単純に比を求める場合はたわみ式の定数（上式の48）が共通項として消えてしまうため、さほど重要ではありません。集中荷重（等分布荷重）が作用する場合、たわみは曲げ剛性（EI）に反比例し、スパンの３乗（４乗）に比例することをしっかりと頭に入れておいてください。

問題 5. 正攻法でたわみの公式を使って解く

(H23-No.2)

図のような梁A及びBに等分布荷重wが作用したときの曲げによる最大たわみδ_Aとδ_Bとの比として、正しいものは、次のうちどれか。ただし、梁A及びBは等質等断面の弾性部材とする。

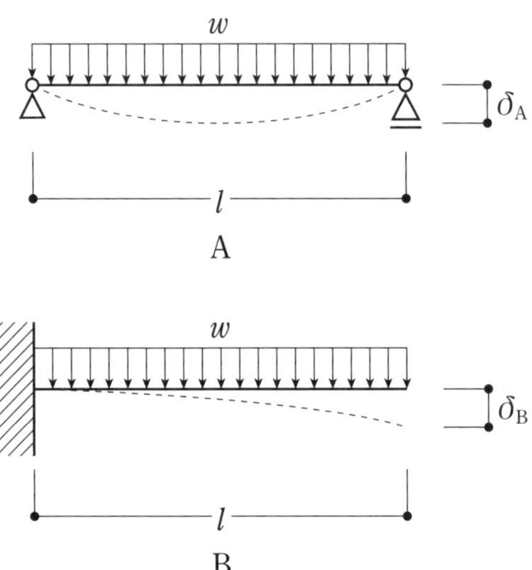

	δ_A	:	δ_B
1.	1	:	6
2.	1	:	48
3.	5	:	8
4.	5	:	48

解説

これも先ほどの問題と同様にたわみの比を求める問題ですが、単純梁と片持ち梁とではたわみ式の定数が異なるため、基本式を暗記しておかないと3分では解けません。

それぞれの最大たわみは次式から求めることができます。

$$\delta_A = \frac{5wl^4}{384EI}$$

$$\delta_B = \frac{wl^4}{8EI}$$

ここで、E：ヤング係数
I：断面二次モーメント

たわみの比は、共通項を消して求めます。すなわち、

$$\frac{\delta_A}{\delta_B} = \frac{5}{384} \times \frac{8}{1} = \frac{5}{48}$$

より、答えは「4.」となります。

補足

ここで、覚えておいた方が良いと思われる事項をまとめておきます。

これだけは覚えておこう！

荷重状態	固定端 C	単純支持の M_0	反力 R	単純支持の最大たわみδmax
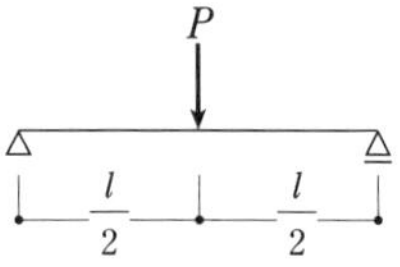	$-\dfrac{Pl}{8}$	$\dfrac{Pl}{4}$	$\dfrac{P}{2}$	$\dfrac{Pl^3}{48EI}$
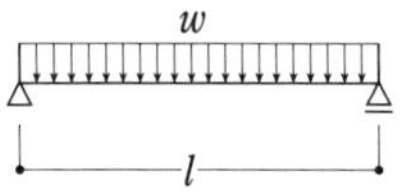	$-\dfrac{wl^2}{12}$	$\dfrac{wl^2}{8}$	$\dfrac{wl}{2}$	$\dfrac{5wl^4}{384EI}$
荷重状態	固定端 M	—	反力 R	先端の最大たわみδmax
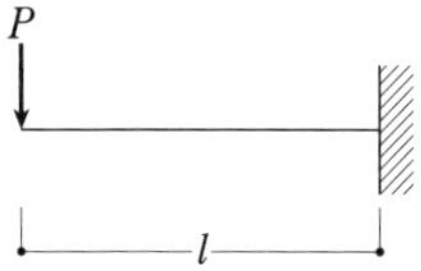	$-Pl$	—	P	$\dfrac{Pl^3}{3EI}$
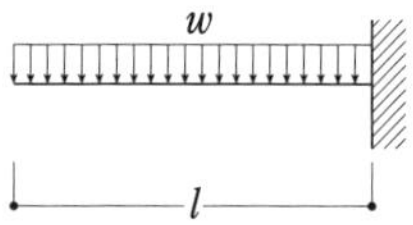	$-\dfrac{wl^2}{2}$	—	wl	$\dfrac{wl^4}{8EI}$

【出典】参考文献 2 p.107

また、代表的な断面性能についても次表に示しますが、これらのうち長方形断面だけは必ず覚えておくようにしてください。

これだけは覚えておこう！

断面形状	断面積 A	断面２次モーメント I	断面係数 Z
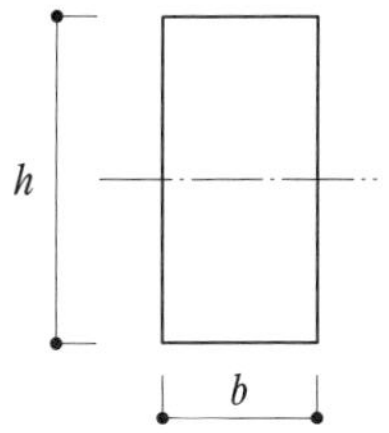 h, b	bh	$\frac{bh^3}{12}$	$\frac{bh^2}{6}$
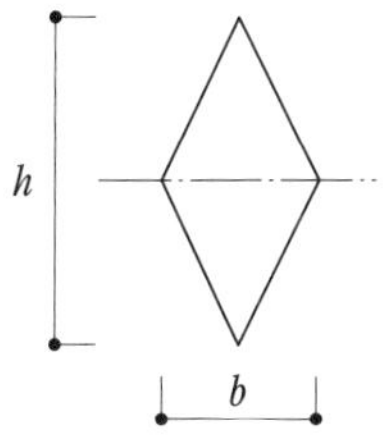 h, b	$\frac{bh}{2}$	$\frac{bh^3}{48}$	$\frac{bh^2}{24}$
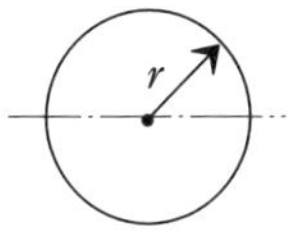 r	πr^2	$\frac{\pi r^4}{4}$	$\frac{\pi r^3}{4}$
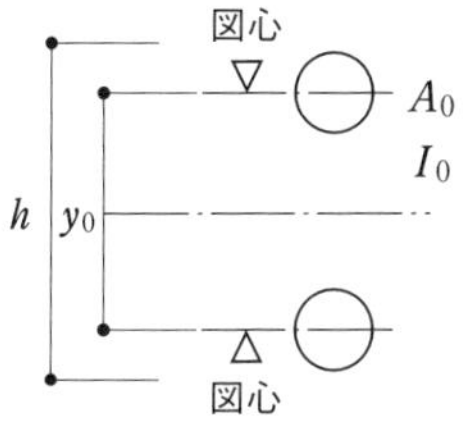 図心, A_0, I_0, h, y_0, 図心	$2A_0$	$2\left\{I_0+A_0\left(\frac{y_0}{2}\right)^2\right\}$ $I_0≒0$の場合 $A_0\frac{y_0^2}{2}$	$\frac{4\left\{I_0+A_0\left(\frac{y_0}{2}\right)^2\right\}}{h}$ $I_0≒0$の場合 A_0y_0

【出典】参考文献１ p.76

問題 6. 比を求める問題は最後にまとめて計算

(R1-No.2)

図のような材料とスパンが同じで、断面が異なる単純梁A、B及びCの中央に集中荷重Pが作用したとき、それぞれの梁の曲げによる中央たわみδ_A、δ_B及びδ_Cの比として、正しいものは、次のうちどれか。ただし、梁は弾性部材とし、自重は無視する。また、梁B及びCを構成する部材の接触面の摩擦はないものとする。

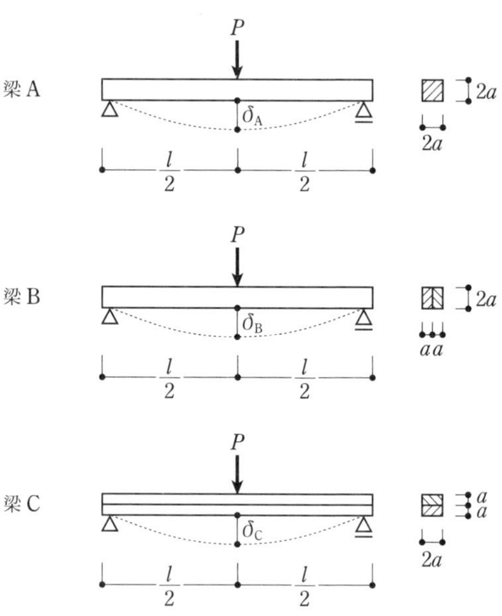

	δ_A	:	δ_B	:	δ_C
1.	1	:	1	:	1
2.	1	:	1	:	4
3.	1	:	2	:	4
4.	1	:	4	:	8

解説

スパンlの梁中央に集中荷重Pが作用する時の梁中央のたわみ式は次式で表されます。

$$\delta = \frac{Pl^3}{48EI}$$

ここで、E：ヤング係数

I：断面二次モーメント

パラメータのうち、異なるのは断面二次モーメントの違いのみで、あとは同じ値をとるので、断面二次モーメントのみの比較で済みます。梁 A、B、C の断面二次モーメントをそれぞれI_A、I_B、I_Cとすると、

$$I_A = \frac{(2a)\times(2a)^3}{12} \qquad I_B = \frac{2\times a\times(2a)^3}{12} \qquad I_C = \frac{2\times(2a)\times a^3}{12}$$

となります。比を求める問題なので、パラメータaと分母の 12 を共通項として消します。すなわち、

$$I_A : I_B : I_C = 4 : 4 : 1$$

求めるのはたわみの比ですが、たわみは断面二次モーメントに反比例するので、先ほどの逆数をとると次のようになります。

$$\delta_A : \delta_B : \delta_C = \frac{1}{I_A} : \frac{1}{I_B} : \frac{1}{I_C} = 1 : 1 : 4$$

よって、答えは「2.」となります。

3分でおさらい

解き方セルフチェックテスト

設問 1. 次の空欄を埋めて表を完成させなさい。

荷重状態	固定端 C	単純支持の M_0	反力 R	単純支持の最大 たわみδmax
P $\frac{l}{2}$ $\frac{l}{2}$				
w l				

荷重状態	固定端 M	—	反力 R	先端の最大 たわみδmax
P l				
w l				

答　え

設問 1. 省略（p.94参照）

第7章

高次不静定構造

問題 1. 変形をイメージすれば解ける
(H26-No.6)

図のような水平力Pが作用する骨組みにおいて、柱A、B、Cの水平力の分担比$Q_A:Q_B:Q_C$として、正しいものは、次のうちどれか。ただし、3本の柱は全て等質等断面の弾性部材とし、梁は剛体とする。

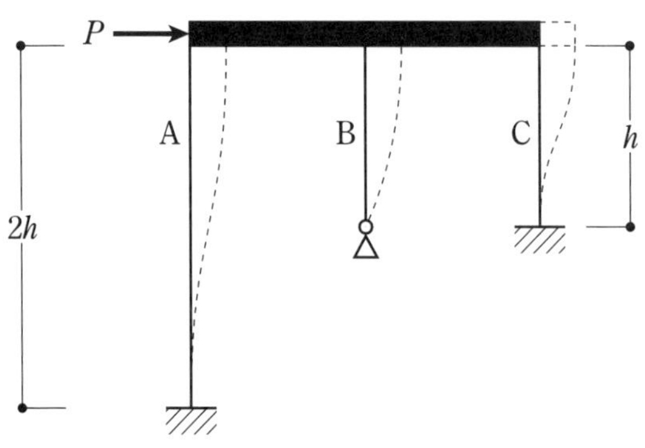

	Q_A	:	Q_B	:	Q_C
1.	1	:	1	:	4
2.	1	:	2	:	4
3.	1	:	2	:	8
4.	1	:	4	:	8

解説

問題文から各柱の変形が等しいことに着目します。3分で解く必要があるので、たわみ角法だとか、固定モーメント法だとか、難しく考える必要はありません。試験が終わってからゆっくりやれば良い話で、日常英会話を中学英語でこなす、それでもダメなら身振り手振りというのが試験攻略の基本です。

まず、柱Bは先端に支点反力、すなわち柱の負担せん断力Q_Bを受ける片持ち柱（梁）と考えることができます。

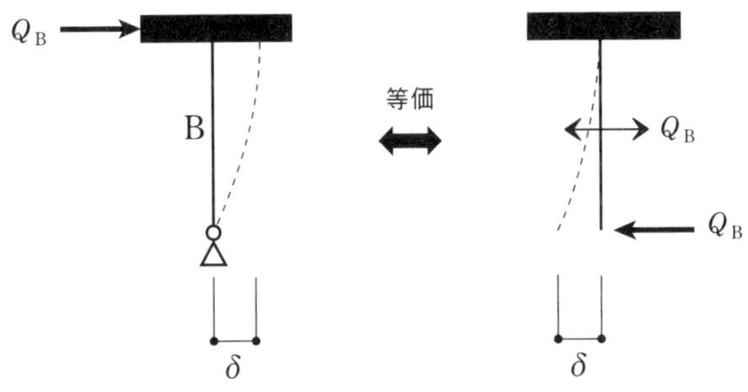

この時の変形量（たわみ）δは、ヤング係数をE、断面二次モーメントをIとおくと、次式で表せます。

$$\delta = \frac{Q_B h^3}{3EI} \qquad \therefore Q_B = \frac{3EI}{h^3}\delta$$

柱Aについても、「6章2.」で解説したように変形をイメージしながら仮想の片持ち柱（の組合せ）を考えていきます。変形のカタチだけで考えると、柱Aは柱頭、柱脚とも固定であるから、次図のように片持ち柱を2本組み合わせたものとみなすことができます。この時、それぞれの片持ち柱の変形量は半分になることに注意してください。

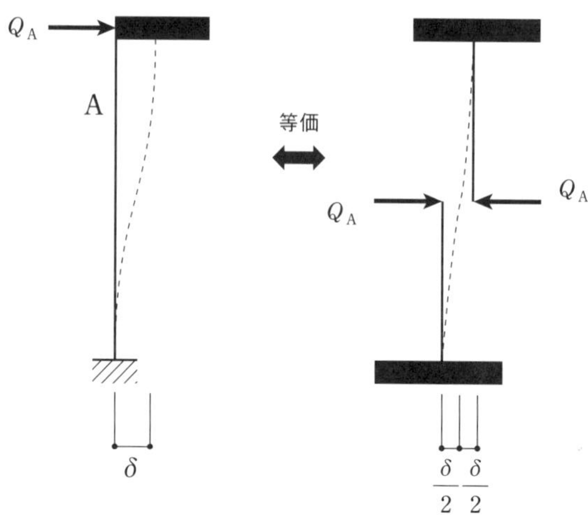

柱Aの変形量（たわみ）δは、ヤング係数をE、断面二次モーメントをIとおくと、次式で表せます。

$$\delta = 2 \times \frac{Q_A h^3}{3EI} \qquad \therefore Q_A = \frac{3EI}{2h^3}\delta$$

柱Cは柱Aの階高（スパン）を単純に半分にしただけなので上の式のhを$\frac{h}{2}$に置き換えれば良く、

$$\delta = 2 \times \frac{Q_C \left(\frac{h}{2}\right)^3}{3EI} \qquad \therefore Q_C = \frac{3EI}{2\left(\frac{h}{2}\right)^3}\delta = \frac{12EI}{h^3}\delta$$

となります。

したがって、柱のせん断力の比は、

$$Q_A : Q_B : Q_C = \frac{3EI}{2h^3}\delta : \frac{3EI}{h^3}\delta : \frac{12EI}{h^3}\delta = \frac{3}{2} : 3 : 12$$

$$\therefore Q_A : Q_B : Q_C = 1 : 2 : 8$$

と簡単化され、「3.」が答えとなります。

このように、高次不静定構造だからと言って難しく捉える必要はなく、構造力学の基本さえ理解しておけば何とかなるので、自信をもって試験に臨んでください。

補足

両端固定の場合、柱の水平剛性は次式で表されます。

$$Q = \frac{3EI}{h^3}\delta = K \times \delta$$ （フックの法則のバネ定数に相当）

$$K = \frac{12EI}{h^3}$$

一端ピンの場合は、たわみ角、部材角、層剛性に対してそれぞれ $\frac{3}{4}$、$\frac{1}{2}$、$\frac{1}{4}$ の有効剛性をもっています（参考文献 1、pp.173−177）。したがって、柱の水平剛性は

$$K = \frac{12EI}{h^3} \times \frac{1}{4} = \frac{3EI}{h^3}$$

となります。柱Bについて、これら有効剛性の式を使って解くこともできます。

問題 2. 柱梁の剛度に応じて材端モーメントを分配する
(H25-No.3)

図のようなラーメンに荷重$6P$が作用したときの曲げモーメント図として、正しいものは、次のうちどれか。ただし、梁部材の曲げ剛性はEI、柱部材の曲げ剛性は$2EI$とし、図のA点は自由端、B点は剛接合とする。また、曲げモーメントは材の引張側に描くものとする。

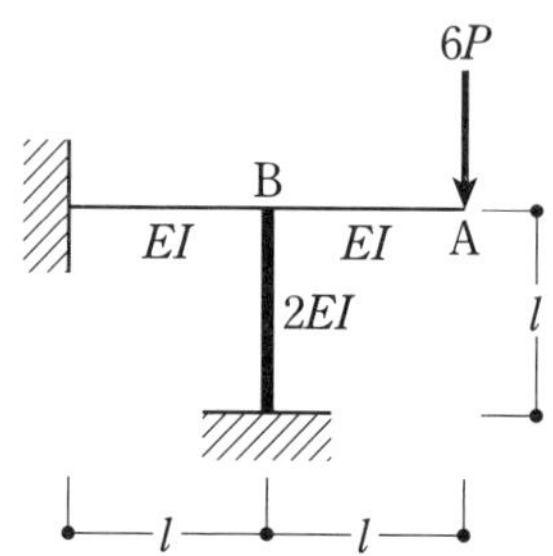

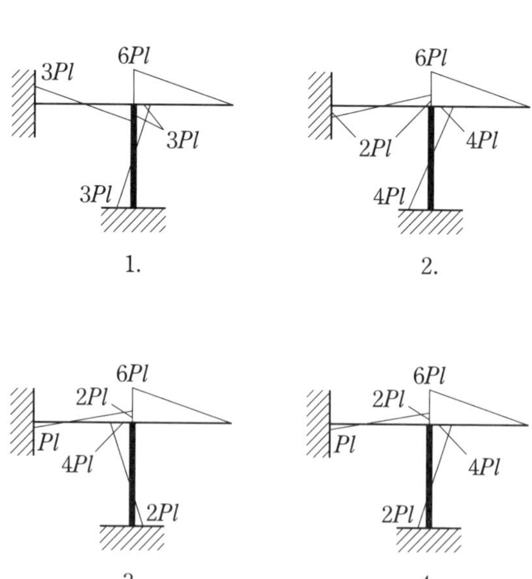

解説

片持ちばりの固定端モーメント　　$M = 6Pl$

一方、部材の剛度は曲げ剛性（EI）をスパン（l）で割ったもの（$k = \frac{EI}{l}$）で定義されるから、下図のように柱と梁のスパンが等しい場合、EIに比例し梁と柱に1：2に分割されます。

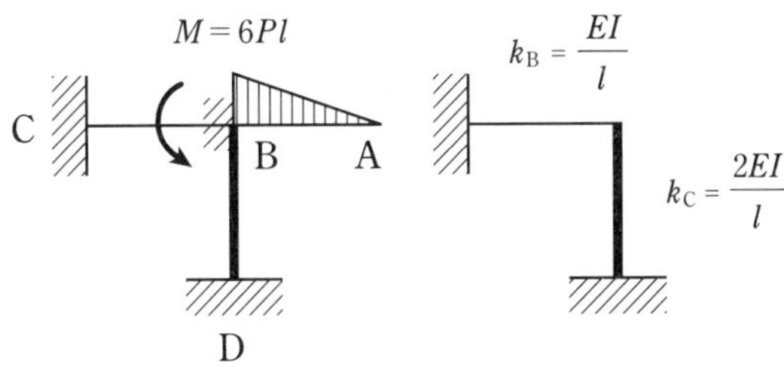

すなわち、材端モーメント$6Pl$は、はりと柱のB端の曲げモーメントはそれぞれ$2Pl$と$4Pl$になります。剛接合となるC端、D端には、B端の$\frac{1}{2}$の材端モーメントが生じることを覚えておいてください。

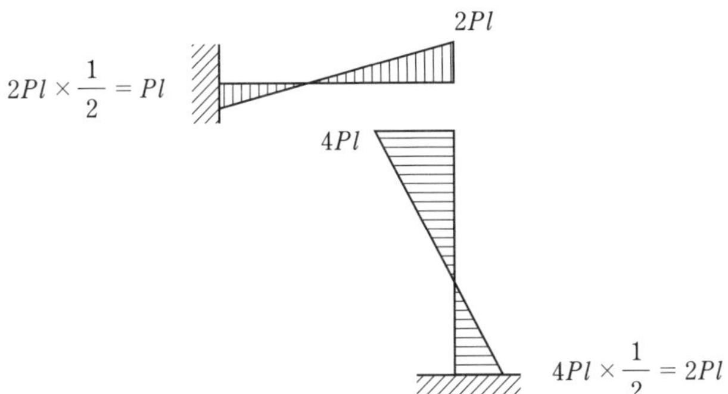

したがって、答えは「3.」となります。

問題 3. 片持ち柱とみなせば簡単に解ける

（H23-No.3）

図のようなラーメンに水平力Pが作用する場合、柱 A、B、C に生じるせん断力をそれぞれQ_A、Q_B、Q_Cとしたとき、せん断力Q_A、Q_B、Q_Cの比として、正しいものは、次のうちどれか。ただし、それぞれの柱は等質等断面の弾性部材で曲げ剛性はEI又は$2EI$であり、梁は剛体とする。

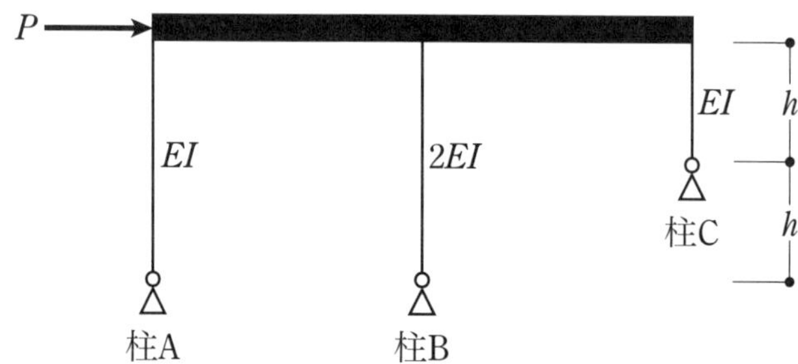

	Q_A	:	Q_B	:	Q_C
1.	1	:	2	:	4
2.	1	:	2	:	8
3.	2	:	1	:	8
4.	4	:	2	:	1

解説

この問題も変形をイメージすれば簡単に解くことができます。剛な梁を有する架構の場合、各支点反力が作用する片持ち柱とみなせることに気づけば、たわみの公式に数値を当てはめていくだけです。

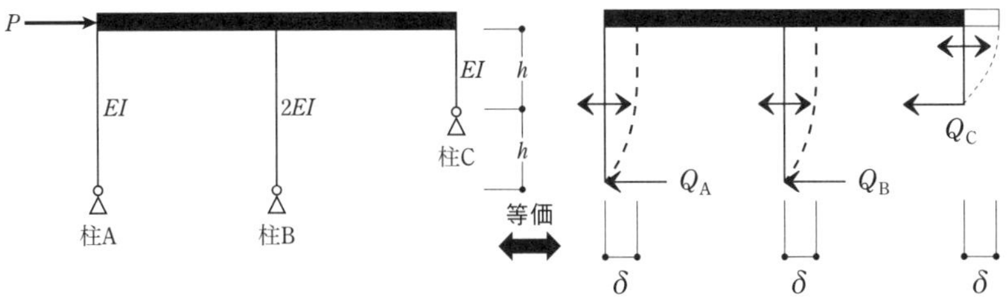

右図において、柱A、B、Cともたわみが同じであるから

$$\delta = \frac{Q_A(2h)^3}{3EI} = \frac{Q_B(2h)^3}{2\times 3EI} = \frac{Q_C h^3}{3EI}$$

したがって、

$$Q_A : Q_B : Q_C = \frac{3EI}{8h^3} : \frac{3EI}{4h^3} : \frac{3EI}{h^3} = 1 : 2 : 8$$

より、答えは「2.」となります。

なお、この問題も「7章1.」の補足で示したように、一端固定、一端ピンの柱の水平剛性式から、同様に柱のせん断力の比を求めることもできます。

問題 4. フックの法則を思い出せ

(H21-No.4)

図のような水平力が作用する三層構造物において、各層の層間変位が等しくなるときの各層の水平剛性 K_1、K_2、K_3 の比として、正しいものは、次のうちどれか。ただし、梁は剛とし、柱の伸縮はないものとする。

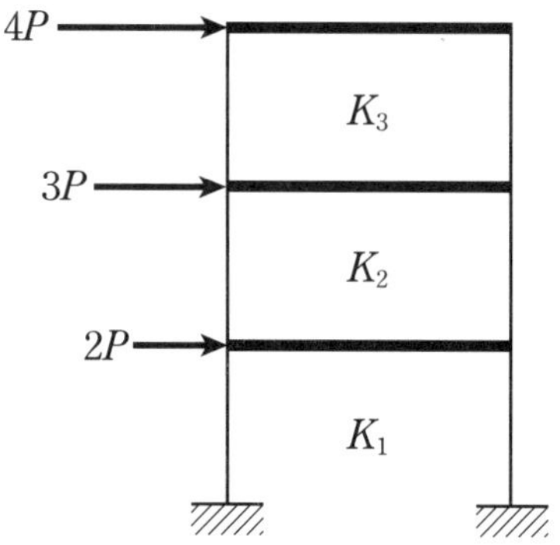

	K_1	:	K_2	:	K_3
1.	2	:	3	:	4
2.	2	:	5	:	9
3.	4	:	3	:	2
4.	9	:	7	:	4

解説

理科の授業で習った「フックの法則」を使って解きます。フックの法則は次式で表すことができます。

$P = K \times \delta$

ここで、P：力（作用せん断力）

K：バネの強さ（層剛性）

δ：変位（層間変位）

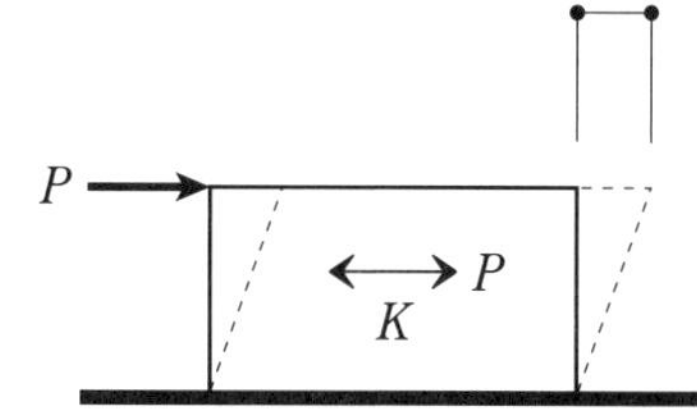

各層の層間変位をδとおくと、各層の層剛性の比は次式に置き換えることができます。各層の作用せん断力は、それより上層階の外力（作用せん断力の総和）だということに気づけば解決します。

$$K_1 : K_2 : K_3 = \frac{4P+3P+2P}{\delta} : \frac{4P+3P}{\delta} : \frac{4P}{\delta} = 9 : 7 : 4$$

すなわち、答えは「4.」となります。

問題 5. 各層のせん断力は上層階の外力の和

(R1-No.4)

図のような水平力が作用する２層構造物（１層の水平剛性 $2K$、２層の水平剛性 K）において、１層の層間変位 δ_1 と２層の層間変位 δ_2 との比として、正しいものは、次のうちどれか。ただし、梁は剛とし、柱の軸方向の伸縮はないものとする。

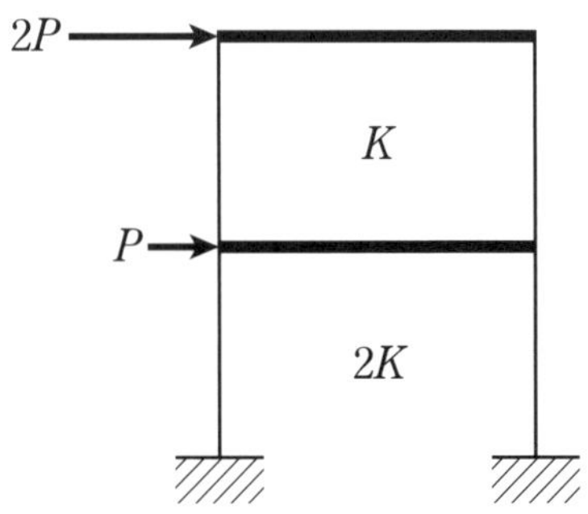

	δ_1	:	δ_2
1.	1	:	2
2.	1	:	4
3.	2	:	3
4.	3	:	4

解説

考え方は前問とまったく同じです。異なるのは問うている比が水平剛性か層間変位かの違いだけです。この種の問題が出ればもう完璧ですよね。

各層の層間変位をδとおくと、各層の層間変位の比は次式に置き換えることができます。各層の作用せん断力は、それより上層階の外力（作用せん断力の総和）ですので、そこだけ気をつければ正解が得られます。

$$\delta_1 : \delta_2 = \frac{P + 2P}{2\mathrm{K}} : \frac{2P}{K} = \frac{3}{2} : 2 = 3 : 4$$

したがって、答えは「4.」となります。

問題 6. 各部材の他端への到達率は 1/2

（R1-No.3）

図のようなラーメンに荷重$10P$が作用したときの曲げモーメント図として、正しいものは、次のうちどれか。ただし、梁部材の曲げ剛性は$2EI$、柱部材の曲げ剛性は$3EI$とし、図のA点は自由端、B点は剛接合とする。また、曲げモーメントは材の引張側に描くものとする。

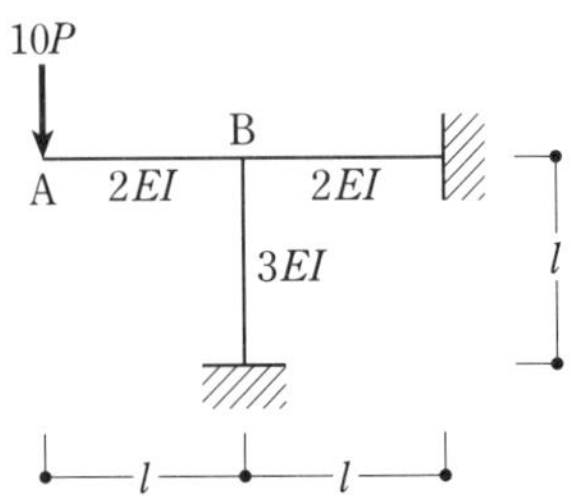

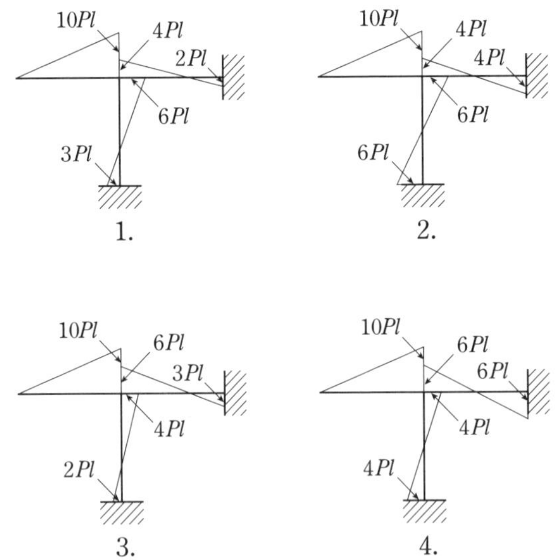

解説

問題の図は、節点Bにおいて片持ち梁の作用モーメント$10Pl$と柱、梁の抵抗モーメントがつりあっている状態です。柱と梁はそれぞれの部材の剛度に応じて分担します。

柱と梁の剛度（$k=\frac{EI}{l}$）は、スパンが同じであるから、曲げ剛性の比がそのまま分担比となります。すなわち、柱、梁の抵抗モーメントはそれぞれ$6Pl$、$4Pl$となり、正解が「1.」または「2.」に絞られます。

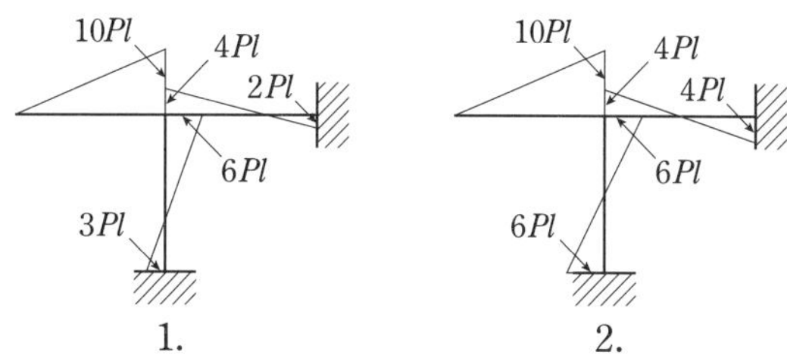

さらに、材端（固定端）へのモーメントの到達率が1/2であることから、柱、梁の材端モーメントが$3Pl$、$2Pl$となっている「1.」が正解となります。

3分でおさらい

☑ 解き方セルフチェックテスト

設問 1. 次の空欄を埋め、文章を完成させなさい。

1　固定モーメント法で材端モーメントを抵抗する部材に分配する場合、それらの剛度の大きさに応じて分割する。部材の剛度は（　　　　）を（　　　　）で割ったもので定義される。

2　柱梁の剛度の比（剛比）を3：2、材端モーメントを100kNmとすると、柱部材の材端モーメントは（　　　　）kNmとなる。また、剛接合となる他端にはその（　　　　）の材端モーメントが生じる。

設問 2. 次図に示す作用せん断力P、層剛性K、層間変位δを使って相互の関係を式で表しなさい。

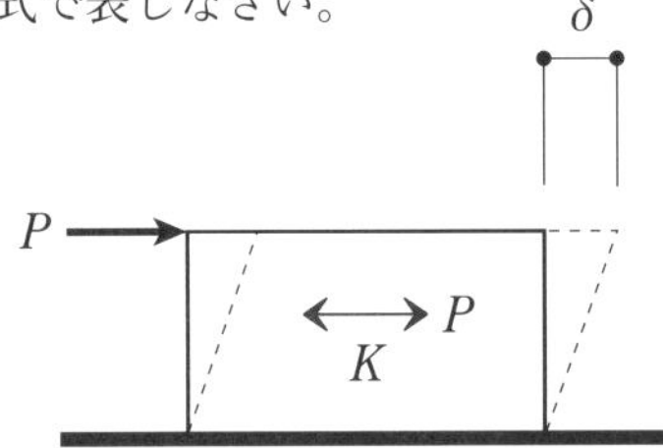

答え

設問 1. （順に） 曲げ剛性、スパン（材長）、60、$\frac{1}{2}$

設問 2. $P = K \times \delta$

第 8 章

断面性能と応力度（全塑性）

問題 1. 長方形断面に分割する

(H23-No.1)

図のような断面において、X軸まわりの全塑性モーメントをM_{PX}、Y軸まわりの全塑性モーメントをM_{PY}としたとき、全塑性モーメントM_{PX}とM_{PY}との比として、正しいものは、次のうちどれか。ただし、断面に作用する軸力は0とする。

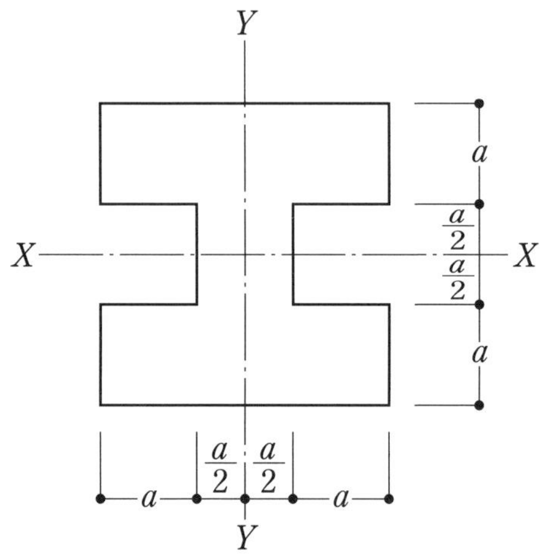

	M_{PX}	:	M_{PY}
1.	19	:	25
2.	25	:	19
3.	19	:	29
4.	29	:	19

解説

全塑性とは全断面にわたって各要素が塑性化している状態を指しますが、基本となる長方形断面については、下図のような応力分布になります。

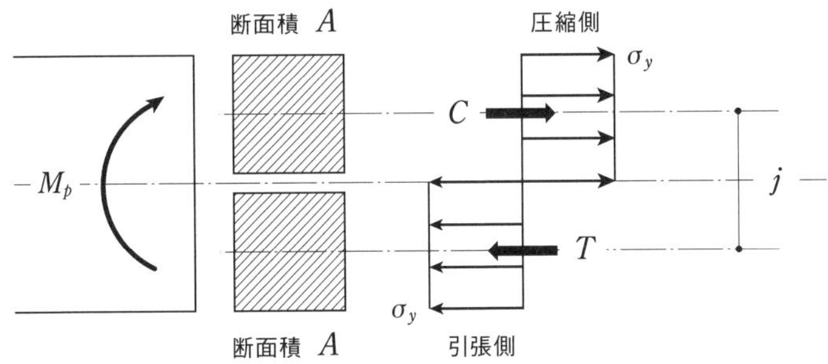

全塑性モーメントは引張力と圧縮力の偶力に相当するので、

$$M_P = C \times j = T \times j$$
$$C = T = \sigma_y \times A$$

と表されます。

さて、問題で問うているのは全塑性モーメントの比なので、H形断面を長方形断面に分割すれば上の式がそのまま使えます。偶力の関係をなす長方形断面について、断面積と引張合力Tと圧縮合力Cの作用線間の距離jを求め、あとは単純にそれらを足したり引いたりすれば答えが得られます。この分割の仕方はいくつか考えられますが、各軸まわりについて次頁に示しておきましたので、もっとも時間を節約できると思う分割の仕方を決めてから解くようにしてください。

X 軸まわり

①

②

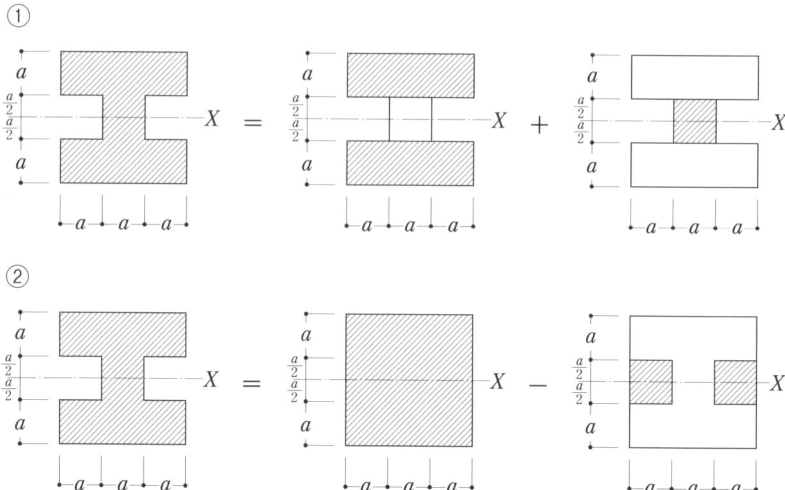

Y 軸まわり

①

②

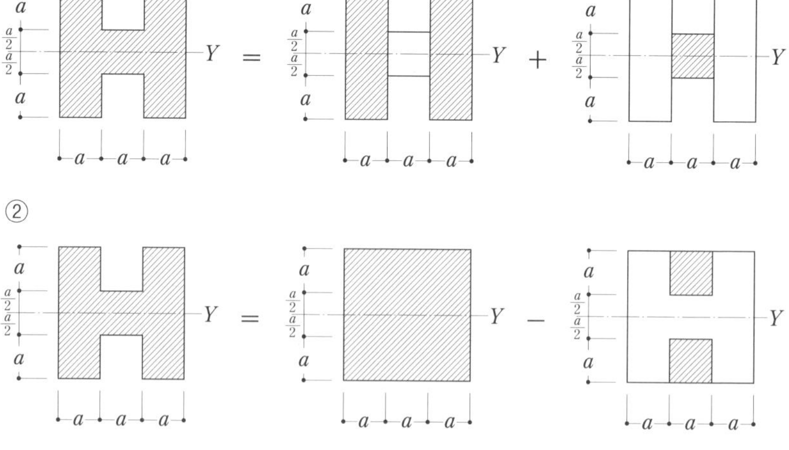

では、②について、各軸まわりの全塑性モーメントを求めてみることにしましょう。

X 軸まわり

$$M_{PX} = \Sigma\,(\sigma_y \times A \times j) = \sigma_y \times \left(3a \times \frac{3a}{2} \times \frac{3a}{2} - 2 \times a \times \frac{a}{2} \times \frac{a}{2}\right)$$

$$= \frac{25a^3}{4}\sigma_y$$

Y 軸まわり

$$M_{PY} = \Sigma\,(\sigma_y \times \mathrm{A} \times j) = \sigma_y \times \left(3a \times \frac{3a}{2} \times \frac{3a}{2} - a \times a \times 2a\right)$$

$$= \frac{19a^3}{4}\sigma_y$$

したがって、

$$M_{PX} : M_{PY} = 25 : 19$$

以上より、答えは「2.」となります。興味のある方は、①についても計算してみてください。

問題 2. 曲げと軸力が作用する場合は応力度に着目

（H30-No.1）

図－１のような等質な材料からなる断面が、図－２に示す垂直応力度分布となって全塑性状態に達している。このとき、断面の図心に作用する圧縮軸力 N と曲げモーメント M との組合せとして、正しいものは、次のうちどれか。ただし、降伏応力度は σ_y とする。

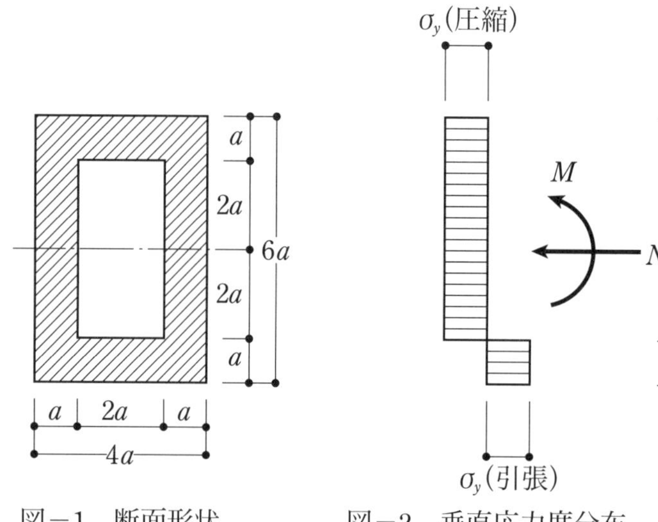

図－１　断面形状　　　図－２　垂直応力度分布

	N	M
1.	$4a^2\sigma_y$	$10a^3\sigma_y$
2.	$4a^2\sigma_y$	$20a^3\sigma_y$
3.	$8a^2\sigma_y$	$10a^3\sigma_y$
4.	$8a^2\sigma_y$	$20a^3\sigma_y$

解説

前頁の問題では、曲げモーメントだけが作用しましたが、本問題では曲げモーメントと軸力が同時に作用しているのが異なる点です。ポイントは応力度分布をどう読むかということです。

図をよく観察すると、上下のフランジ部分は引張側、圧縮側とも大きさが同じで、向きが反対の降伏応力度が生じていることから、この部分は曲げモーメントのみが作用していることがわかります。軸力（この場合、圧縮軸力）は断面に均等に作用するので、軸力も作用すると正負応力度の大きさが一致しなくなるからです。つまり、「断面のフランジ部分には曲げしか作用していない」ということがわかります。

先ほどの問題と同様、偶力をなす長方形断面に分割する方法はまったく同じですが、「曲げはフランジで、軸力はウェブで」と考えて分割するのが解くポイントです。降伏軸力については、降伏応力度 σ_y にウェブ部分の断面積 A を乗じて求めます。

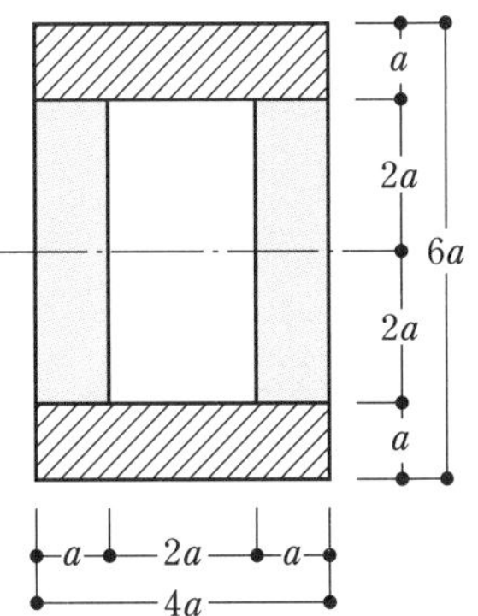

曲げモーメント

$$M = \sigma_y \times (4a \times a) \times 5a = 20a^3\sigma_y$$

軸力

$$N = \sigma_y \times 2 \times (a \times 4a) = 8a^2\sigma_y$$

以上の結果より、答えは「4.」となります。

問題 3. 応力度に断面積を掛けて応力を求める

（H25-No.1）

図－１のような等質な材からなる断面が、図－２に示す垂直応力度分布となって全塑性状態に達している。このとき、断面の図心に作用する圧縮軸力Nと曲げモーメントMとの組合せとして、正しいものは、次のうちどれか。ただし、降伏応力度はσ_yとする。

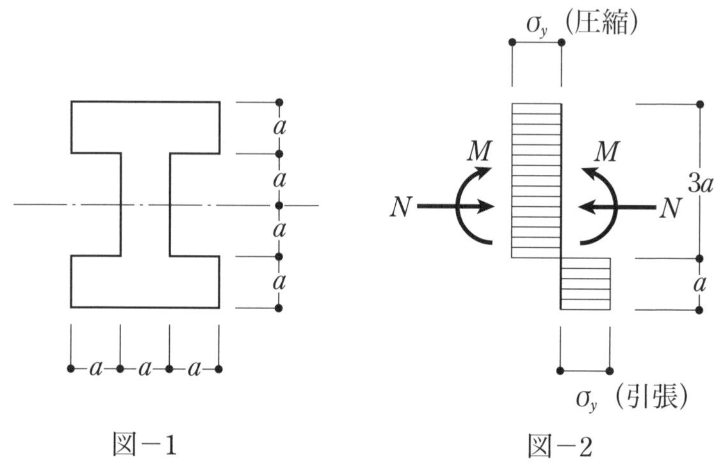

図－1　　図－2

	N	M
1.	$a^2\sigma_y$	$3a^3\sigma_y$
2.	$a^2\sigma_y$	$9a^3\sigma_y$
3.	$2a^2\sigma_y$	$3a^3\sigma_y$
4.	$2a^2\sigma_y$	$9a^3\sigma_y$

解説

前出の２問を解いてこられた方は、きっと簡単な問題だと思われたでしょう。実際にそのとおりで、この問題も「曲げはフランジで、軸力はウェブで」と考えて断面を分割すれば解けます。曲げモーメントと軸力を求める必要がありますが、いずれも応力度に断面積を掛けて応力を求めていきます。

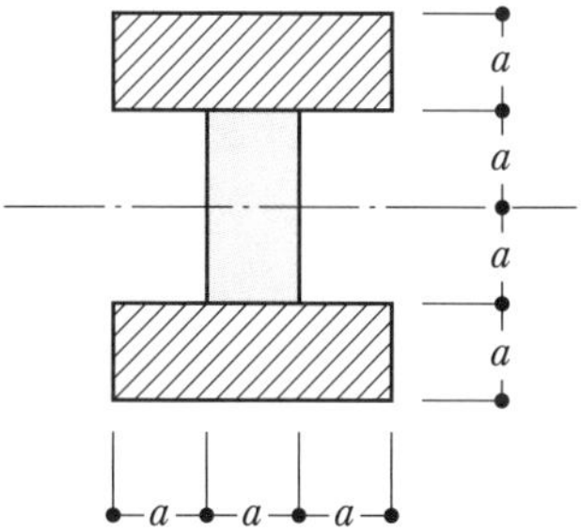

曲げモーメント

$$M = \sigma_y \times (3a \times a) \times 3a = 9a^3\sigma_y$$

軸力

$$N = \sigma_y \times (a \times 2a) = 2a^2\sigma_y$$

以上の結果より、答えは「4.」となります。

問題 4. 解く前に選択肢を絞り込む

(H21-No.1)

図－1のような断面で同一材質からなる梁A及びBに、一点鎖線を中立軸とする曲げモーメントのみが作用している。これらの断面の降伏開始曲げモーメントをM_y、全塑性モーメントをM_pとするとき、断面内の応力度分布が図－2に示す状態である。梁A及びBにおけるM_pとM_yの比$\alpha=\frac{M_p}{M_y}$をそれぞれα_A、α_Bとするとき、その大小関係として、正しいものは、次のうちどれか。ただし、降伏応力度はσ_yとする。

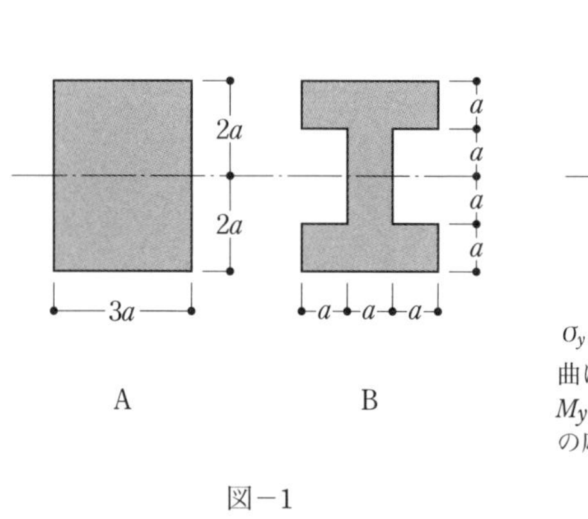

図－1

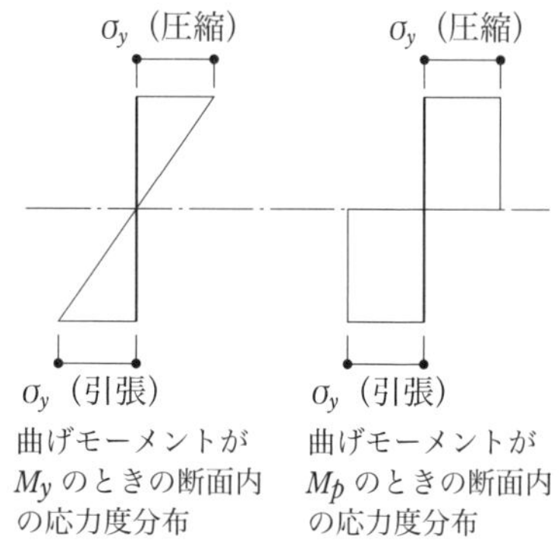

図－2

1. $\alpha_A > \alpha_B > 1$
2. $\alpha_B > \alpha_A > 1$
3. $1 > \alpha_A > \alpha_B$
4. $1 > \alpha_B > \alpha_A$

解説

四肢択一の問題は、正解しないことには意味がありません。答えがわからなくてもヤマ勘が当たれば結果オーライなのです。ですから、正解がわからなくても明らかに違うとわかる選択肢はまず外しておきます。二肢択一まで絞られたら、正解する確率は50%になるのです。

さて、この問題の選択肢ですが、図−2を見ると断面の応力度が大きいのは明らかに右側、すなわち全塑性モーメントM_pに達した断面です。したがって、M_pとM_yの比αの値は断面形状に関わらず、1より大きい値をとります。すなわち、選択肢は「1.」と「2.」に絞られます。

ここからはそれぞれの断面について、M_p、M_yを求めていくことにしましょう。降伏開始時と全塑性時で異なるのは応力度分布ですが、引張、圧縮の合力間の距離jが異なるだけです。

断面A

$$M_y=\frac{1}{2}\times\sigma_y\times(3a\times 2a)\times\left(\frac{2}{3}\times 2a\times 2\right)=8a^3\sigma_y$$

$$M_p=\sigma_y\times(3a\times 2a)\times\left(\frac{1}{2}\times 2a\times 2\right)=12a^3\sigma_y$$

$$\therefore\ \alpha_{\mathrm{A}}=\frac{M_p}{M_y}=\frac{12}{8}=\frac{3}{2}\left(=\frac{33}{22}\right)$$

断面B

$$M_y=\left\{\sigma_y\times(3a\times 2a)\times\left(\frac{2}{3}\times 2a\times 2\right)-\frac{\sigma_y}{2}\times(2\times a\times a)\times\left(\frac{2}{3}\times a\right)\right\}=\frac{22}{3}a^3\sigma_y$$

$$M_p=\left\{\sigma_y\times(3a\times 2a)\times\left(\frac{1}{2}\times 2a\times 2\right)-\sigma_y\times(2\times a\times a)\times a\right\}=10a^3\sigma_y$$

$$\therefore\ \alpha_{\mathrm{B}}=\frac{M_p}{M_y}=\frac{30}{22}\qquad\therefore\ \alpha_{\mathrm{A}}>\alpha_{\mathrm{B}}>1$$

以上の結果より、答えは「1.」となります。

問題 5. 塑性断面係数の中立軸は面積を二等分する

（R1-No.1）

等質で、図－1のような断面形状の部材に、図－2のように断面力として曲げモーメントMのみが作用している。この断面の降伏開始曲げモーメントをM_y、全塑性モーメントをM_pとするとき、$M \leqq M_y$の場合と$M = M_p$の場合の中立軸の位置の組合せとして、正しいものは、次のうちどれか。ただし、中立軸の位置は断面下縁から測るものとする。

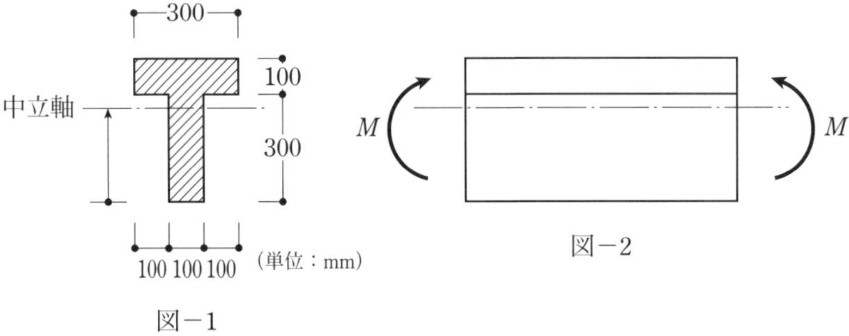

図－1　図－2

	$M \leqq M_y$の場合	$M = M_p$の場合
1.	200 mm	250 mm
2.	250 mm	200 mm
3.	250 mm	300 mm
4.	300 mm	250 mm

解説

この問題は弾性域と塑性域の両方を扱った複合問題です。どちらから求めても良いのですが、全塑性モーメント作用時、すなわち塑性断面係数の中立軸が面積を二等分する位置にあることを知っていれば、瞬時に解くことができます。

フランジ部分の断面とウェブ部分の断面をよくご覧ください。形状寸法（300mm×100mm）が同じで、縦長か横長かの違いだけですね。つまり、両者の断面積が等しいので、中立軸はそれらの境界部分、つまり中立軸の位置は断面下縁から300mmだということがわかります。よって、答えは「3.」となります。

なぜ、断面積を二等分する位置に中立軸がくるかわからない場合は、「第8章1.」の解説をもう一度よく読んでみてください。

弾性域での中立軸の位置を計算で求める方法ですが、参考まで計算式を示しておきます。計算には、断面積A、断面一次モーメントSの諸量を求めることが必要ですが、さらに詳しく知りたい方は「参考文献1、pp.70－72」を参照してください。

$$y_0 = \frac{S_x}{A} = \frac{300 \times 100 \times \left(300 + \frac{100}{2}\right) + 100 \times 300 \times \frac{300}{2}}{300 \times 100 + 100 \times 300} = 250\,\mathrm{mm}$$

3分でおさらい

解き方セルフチェックテスト

設問 1. 次の空欄を埋め、文章を完成させなさい。

1　全塑性とは全断面にわたって各要素が（　　　　　）している状態を指す。

2　全塑性モーメントは、引張力と圧縮力の（　　　　　）に相当するので、引張側と圧縮側の断面積は（　　　　　）。

3　塑性断面係数の中立軸は面積を（　　　　）する位置にある。

4　対称断面部材に曲げと軸力が作用し全塑性状態に達している時、圧縮側と引張側の応力度が等しければ、フランジとウェブにそれぞれ（　　　　　）、（　　　　　）が作用するとみなして解く。

答え

設問 1. （順に）塑性化、偶力、等しい、二等分、曲げモーメント、軸力

第 9 章

崩壊機構

問題 1. 選択肢の文章は問題を解くヒントになる

(H29-No.4)

図は２層のラーメンに水平荷重P及び$2P$が作用したときの正しい崩壊メカニズムを示したものである。次の記述のうち、最も不適当なものはどれか。ただし、最上階梁及び２階梁の全塑性モーメントはそれぞれM_P及び$2M_P$とし、１階柱の柱脚の全塑性モーメントは$2M_P$とする。

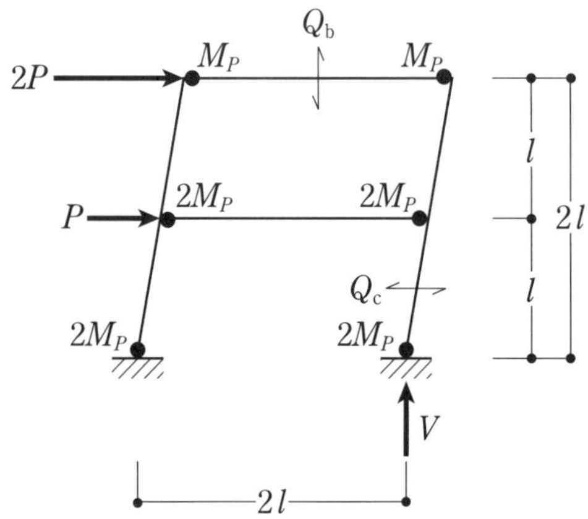

1.　最上階梁のせん断力Q_bは、$\frac{M_P}{l}$である。

2.　鉛直反力Vは、$\frac{3M_P}{l}$である。

3.　水平荷重Pは、$\frac{2M_P}{l}$である。

4.　１階右側の柱のせん断力Q_cは、$\frac{6M_P}{l}$である。

解説

各選択肢にいろいろな部位の値がどうだと書かれているような問題は、上から順に解いていくのが基本です。同様のタイプの問題は本書でも何題か掲載していますが、過去の問題を確認してもらえばわかるように、正解は「1.」ということはなく、「3.」または「4.」、たまに「2.」と考えておけば良いと思います。では、順に解いていきましょう。

1.　応力図を描くと右図のようになります。最上階梁のせん断力 Q_b は、梁のモーメント勾配に等しいから、

$$Q_b = \frac{M_P + M_P}{2l} = \frac{M_P}{l}$$

となり、正しい。

2.　次の問題は、先に求めた結果を利用すると考えてください。それがヒントでもあります。
2 階梁のせん断力も同様に求めると、

$$Q_2 = \frac{2M_P + 2M_P}{2l} = \frac{2M_P}{l}$$

となります。一方、各階の梁のせん断力は接合部を介して柱に伝達されて軸力に変わるので、支点反力 V に等しくなります。したがって、

$$V = \frac{M_P}{l} + \frac{2M_P}{l} = \frac{3M_P}{l}$$

となり、正しい。

3.

これだけは覚えておこう！

仮想仕事の原理

「外力のなす仕事と内力（応力）のなす仕事は等しい」

外力のなす仕事 W_0

$$W_0 = \Sigma P_i \delta_i$$

ここで、P_i：各荷重点に作用する荷重

δ_i：荷重方向変位

内力（応力）のなす仕事 W_1

$$W_1 = \Sigma M_i \theta_i$$

ここで、M_i：各塑性ヒンジにおける全塑性モーメント

θ_i：各塑性ヒンジの回転角

すなわち、$W_0 = W_1$

全塑性モーメント M_P と外力 P との関係を求めるには、仮想仕事の原理を使います。たとえば柱脚部分の塑性ヒンジの回転角を θ とすると、全塑性モーメントと回転角、および各階の層間変位には、右図のような幾何学的な関係が成立します。

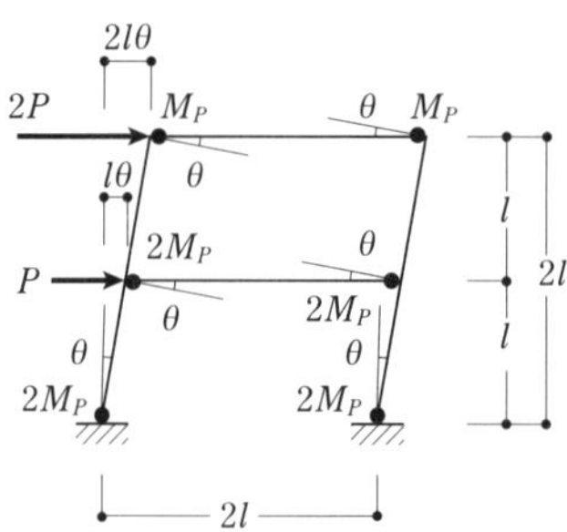

外力のなす仮想仕事は、

$$W_0 = \Sigma P\delta = 2P \times 2l\theta + P \times l\theta = 5Pl\theta$$

また、内力（応力）のなす仮想仕事は

$$W_1 = \Sigma M\theta = 2 \times M_P\theta + 2 \times 2M_P\theta + 2 \times 2M_P\theta = 10M_P\theta$$

一方、$W_0 = W_1$ より、

$$5Pl\theta = 10M_P\theta \qquad \therefore P = \frac{2M_P}{l}$$

よって正しく、最も不適当なものは「4.」となります。

4. 念のため、こちらも計算して確かめておきましょう。「3.」の結果より、1 階の層せん断力 Q_1 は

$$Q_1 = P + 2P = 3P = \frac{6M_P}{l}$$

柱本数は 2 本ですが、応力の大きさが左右同じであるので、せん断力を均等に負担します。したがって、

$$Q_C = \frac{1}{2} \times Q_1 = \frac{1}{2} \times \frac{6M_P}{l} = \frac{3M_P}{l}$$

となり、不適当だということがわかります。

問題 2. 崩壊機構とくれば仮想仕事の原理

（H28-No.4）

図－１のような鉛直荷重100kN、水平荷重Pを受けるラーメンにおいて、水平荷重Pを増大させたとき、荷重P_uで塑性崩壊に至り、図－２のような崩壊機構を示した。P_uの値として、正しいものは、次のうちどれか。ただし、柱、梁の全塑性モーメントM_pの値をそれぞれ300kN・m、200kN・mとする。

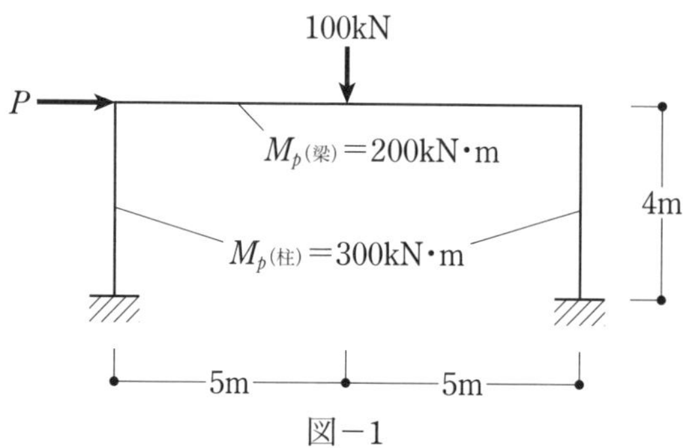

図－1

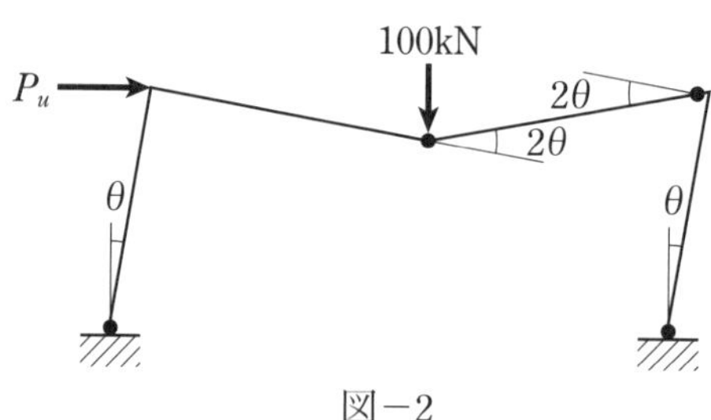

図－2

1. 200kN
2. 225kN
3. 250kN
4. 275kN

解説

これも仮想仕事を使って解く典型的な問題です。

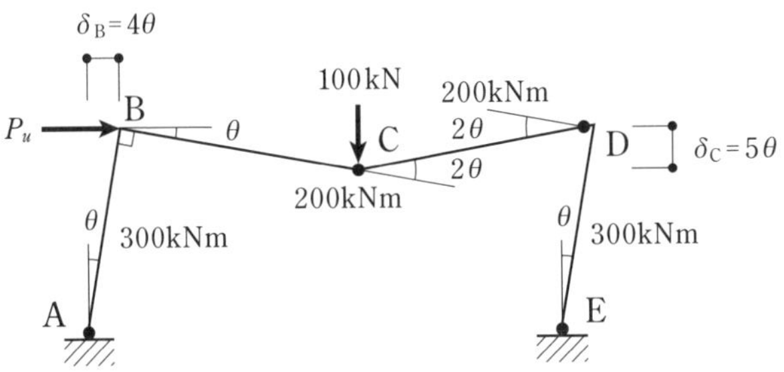

外力のなす仮想仕事は、

$$W_0 = \Sigma P\delta = P_u \times 4\theta + 100 \times 5\theta = 4P_u\theta + 500\theta$$

また、内力（応力）のなす仮想仕事は

$$W_1 = \Sigma M\theta = 2 \times 300 \times \theta + 2 \times 200 \times 2\theta = 1400\theta$$

一方、$W_0 = W_1$ より、

$$4P_u\theta + 500\theta = 1400\theta \qquad \therefore P_u = \frac{900}{4} = 225 \text{ kN}$$

よって、答えは「2.」となります。

問題 3. 簡単に解ける選択肢を探す

(H26-No.4)

図－1のような山形ラーメンに作用する水平荷重Pを増大させたとき、山形ラーメンは図－2のような梁端部に塑性ヒンジを生じる崩壊機構を示し、そのときの水平荷重の大きさはP_uであった。次の記述のうち、最も不適当なものはどれか。ただし、梁の全塑性モーメントはM_pとする。

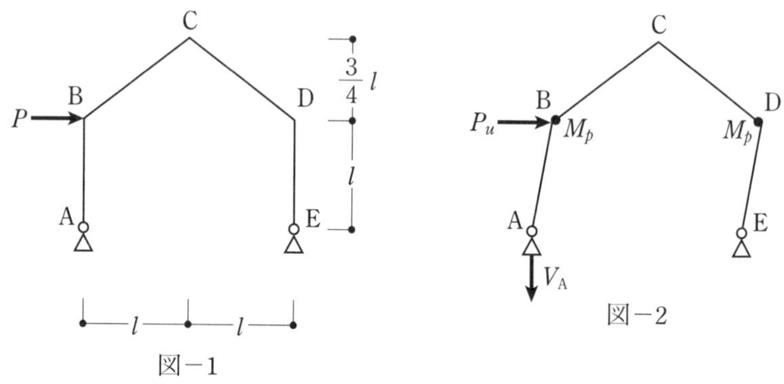

図－1

図－2

1. A点の垂直反力V_Aは$\dfrac{M_p}{l}$である。
2. 梁BCのせん断力は$\dfrac{7M_p}{4l}$である。
3. 柱DEの軸力は$\dfrac{M_p}{l}$の圧縮力である。
4. 水平荷重P_uは$\dfrac{2M_p}{l}$である。

解説

求める値を確認すると、斜め方向が「2.」だけで、残りは鉛直・水平方向に関するものです。このような場合、「2.」を後回しにしたほうが時間の節約になります。

1.　支点反力を図のように仮定すると、点 E まわりのつりあいから

$$P_u \times l - V_A \times 2l = 0 \quad \therefore V_A = \frac{P_u}{2}$$

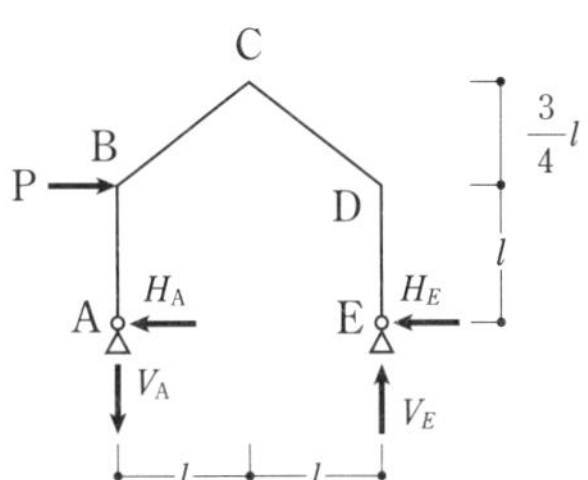

ここで、仮想仕事の原理より

$$P_u \times l\theta = 2 \times M_p\theta \qquad \therefore V_A = \frac{M_p}{l}$$

よって正しい。

3.　鉛直方向のつりあいから

$$-V_A + V_E = 0 \qquad \therefore V_E = \frac{M_p}{l}$$

支点反力 V_E は柱DEの軸力とつりあって等しいから、正しい。

4.　外力のなす仕事は次式で表されます。

$$\Sigma P\delta = P_u \times l\theta$$

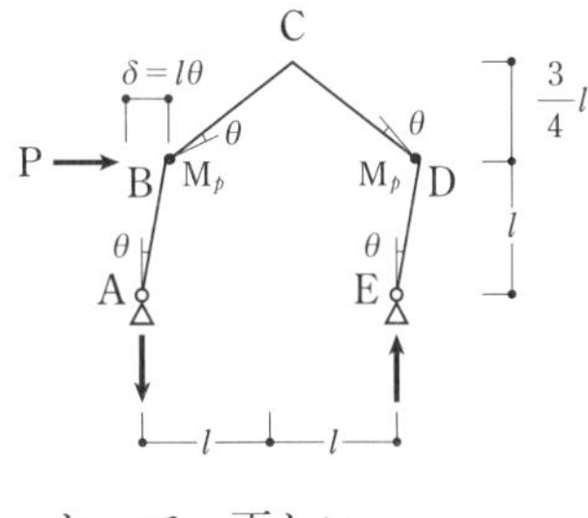

一方、内力のなす仕事は

$$\Sigma M\theta = 2 \times M_p\theta$$

$\Sigma P\delta = \Sigma M\theta$ より　$P_u = \dfrac{2M_p}{l}$　よって、正しい。

以上から、正解（最も不適当なもの）は残った「2.」となります。

2.　（省略）

問題 4. 柱長さが異なれば回転角も変わる

(H25-No.4)

図－1のようなラーメンに作用する水平荷重Pを増大させたとき、そのラーメンは図－2のような崩壊機構を示した。ラーメンの崩壊荷重P_uとして、正しいものは、次のうちどれか。ただし、柱、染の全塑性モーメントはそれぞれ$3M_P$、$2M_P$とする。

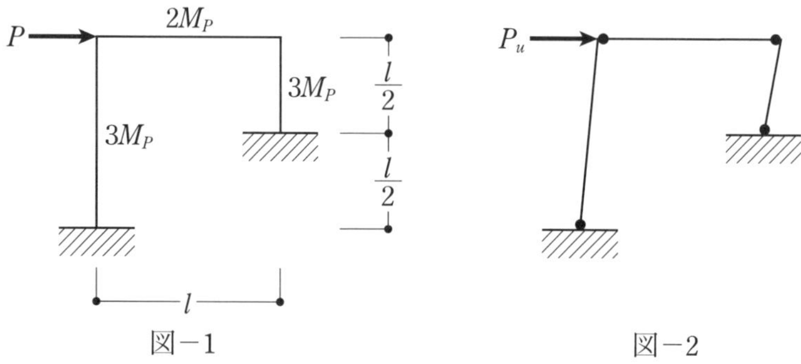

図－1　図－2

1. $\dfrac{5M_P}{2l}$
2. $\dfrac{15M_P}{2l}$
3. $\dfrac{10M_P}{l}$
4. $\dfrac{15M_P}{l}$

解説

下図に示すように、A点、D点における塑性ヒンジの回転角をそれぞれθ_A、θ_Dとおくと、荷重作用方向変位δは、

$$\delta = l\theta_A = \frac{l}{2}\theta_D \qquad \therefore \theta_D = 2\theta_A$$

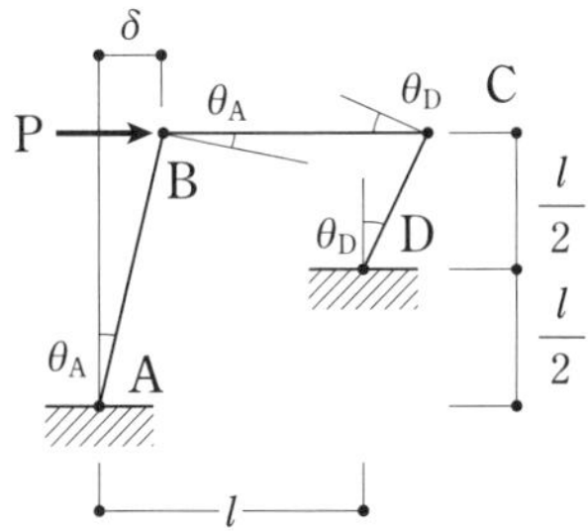

外力のなす仮想仕事は、

$$W_0 = \Sigma P\delta = P_u l\theta_A$$

また、内力（応力）のなす仮想仕事は

$$W_1 = \Sigma M\theta = 3M_P \times \theta_A + 2M_P \times \theta_A + 2M_P \times \theta_D + 3M_P \times \theta_D = 15M_P\theta_A$$

一方、$W_0 = W_1$より、

$$P_u l\theta_A = 15M_P\theta_A \qquad \therefore P_u = \frac{15M_p}{l}$$

よって、答えは「4.」となります。

3分でおさらい

解き方セルフチェックテスト

設問 1. 次の空欄を埋め、文章を完成させなさい。

1　各荷重点に作用する荷重をP_i、荷重方向変位をδ_iとすると、外力のなす仕事は$W_0 =$（　　　　）で表される。

2　各塑性ヒンジにおける全塑性モーメントをM_i、各塑性ヒンジの回転角をθ_iとすると、内力のなす仕事は$W_1 =$（　　　　）で表される。

3　外力のなす仕事と内力（応力）のなす仕事は等しい。これを（　　　　）と呼ぶ。

答え

設問 1. （順に）$\Sigma P_i \delta_i$、$\Sigma M_i \theta_i$、仮想仕事の原理

第10章

座屈

問題 1. 弾性座屈荷重の式を暗記せよ

(H29-No.6)

図のような構造物A、B、Cの柱の弾性座屈荷重をそれぞれP_A、P_B、P_Cとしたとき、それらの大小関係として正しいものは、次のうちどれか。ただし、全ての柱は等質等断面で、梁は剛体であり、柱及び梁の自重、柱の面外方向の座屈は無視する。

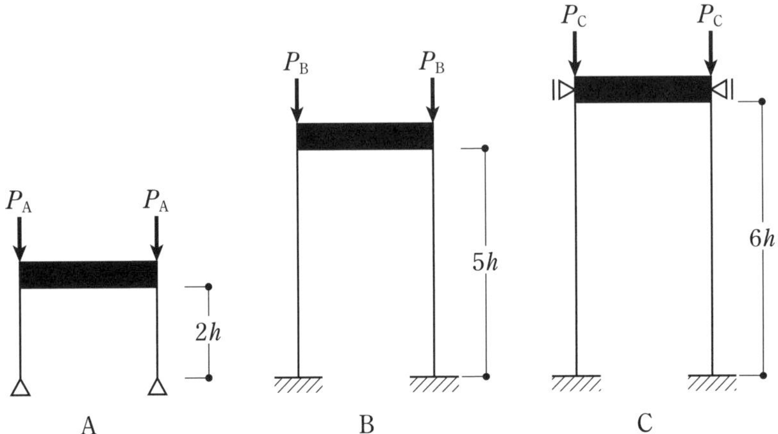

1. $P_A > P_C > P_B$
2. $P_B > P_A > P_C$
3. $P_C > P_A > P_B$
4. $P_C > P_B > P_A$

解説

これだけは覚えておこう！

柱のオイラー座屈強度（弾性座屈荷重）は次式のとおりです。この2式のどちらの表現もさっと出てくるように覚えておいてください。

$$P_e = \frac{\pi^2 EI}{{l_k}^2}$$

ここで、E：ヤング係数

I：座屈軸に関する断面二次モーメント

l_k：座屈長さ

$$\sigma_k = \frac{\pi^2 E}{\left(\frac{l_k}{i}\right)^2} = \frac{\pi^2 E}{\lambda^2}$$

ただし、$\lambda = \frac{l_k}{i}$、i：材の最小断面二次半径

座屈長さに関しては、図を描いて考えるのが鉄則です。その基本となるのは右図のような両端ピンの部材です。この円弧の直線間距離（高さ）l_kが座屈長さです。

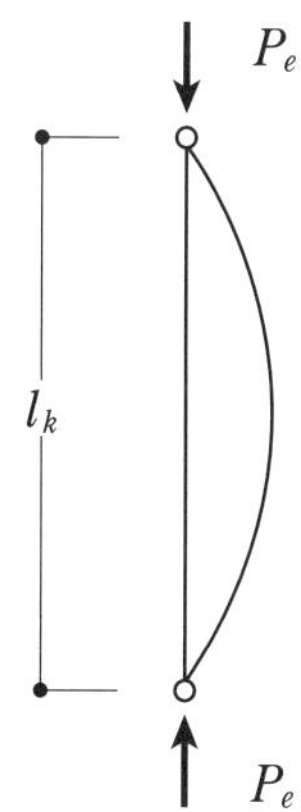

さて、図A～Cですが、変形の自由度を考えると、図A、図Bのフレームは柱頭が拘束されていないので水平移動が生じますが、図Cは鉛直方向のみ変形することがわかります。先に紹介した弾性座屈式から、剛性が高く、座屈長さが短いほど座屈強度が大きくなります。

単純な支持条件をもつ材の座屈長さを次表に示します。水平移動する場合（つまり水平剛性が小さい場合）は、座屈長さは急激に長くなります。ただ、これらをがむしゃらに暗記する必要はなく、感覚として2倍なのか半分なのかといったことをとらえておく程度でかまいません。

座屈長さl_k

移動条件	拘束			自由	
回転条件	両端自由	両端拘束	1端自由 他端拘束	両端拘束	1端自由 他端拘束
座屈形					
l_k	l	$0.5l$	$0.7l$	l	$2l$

柱が荷重を受けて座屈した時にたわむ状態を図示すると、次図のように描けます。それぞれの図で、先に説明した円弧の高さが求める座屈長さに相当し、それぞれ$4h$、$5h$、$3h$となります。

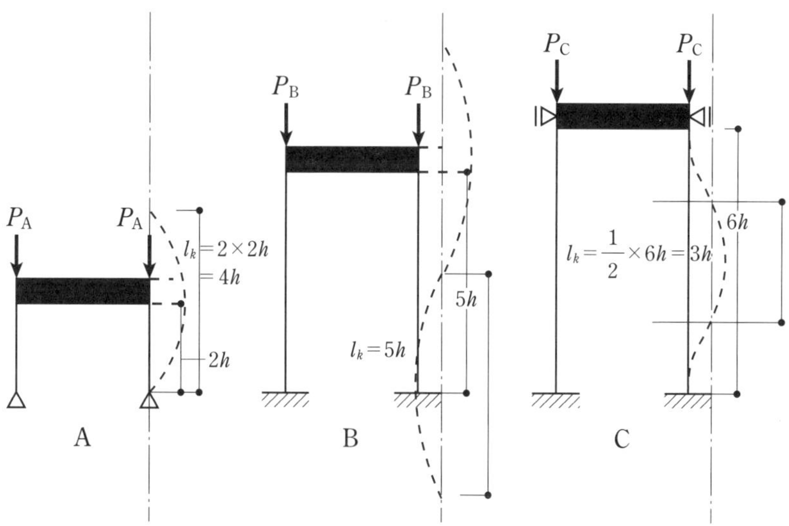

一方、弾性座屈荷重は座屈長さの 2 乗に反比例するので、弾性座屈荷重の大小関係は

$$P_C > P_A > P_B$$

となり、直ちに求めることができます。

よって、答えは「3.」となります。

問題 2. 弾性座屈荷重の式の意味を問う

(H22-No.6)

中心圧縮力を受ける正方形断面の長柱の弾性座屈荷重 P_e に関する次の記述のうち、最も不適当なものはどれか。ただし、柱は等質等断面とし、材端の水平移動は拘束されているものとする。

1. P_e は、正方形断面を保ちながら柱断面積が2倍になると4倍になる。
2. P_e は、柱の長さが $\frac{1}{2}$ 倍になると 2 倍になる。
3. P_e は、柱材のヤング係数が 2 倍になると 2 倍になる。
4. P_e は、柱の材端条件が「両端ピンの場合」より「一端ピン他端固定の場合」のほうが大きくなる。

解説

弾性座屈荷重の式さえ知っていれば難なく解ける問題です。

$$P_e = \frac{\pi^2 EI}{{l_k}^2}$$

1. 正方形柱の断面積が 2 倍ということは、一辺の長さは $\sqrt{2}$ 倍になります。長方形断面の断面二次モーメント I は

$$I = \frac{bd^3}{12} \qquad (b：幅、d：せい)$$

であるから $(\sqrt{2})^4$ 倍、すなわち 4 倍となります。一方、P_e は I に比例するので 4 倍、よって正解。

2. P_e は、柱の座屈長さの 2 乗に反比例するので、柱の長さが $\frac{1}{2}$ 倍になると 4 倍になります。よって、不正解で、答えは「2.」となります。
これから先は試験の際には解くだけ時間のムダになるので解答する必要はありませんが、参考までに記しておきます。

3.（参考） ヤング係数 E が 2 倍になると、P_e は E に比例するので 2 倍になります。よって、正解。

4.（参考） 一方のピン端が固定端になるので、全体の剛性は高くなります。剛性が増せば座屈しにくくなるのは直感でも理解できることで、P_e は当然大きくなり、正解。座屈長さがどう変わるかについては、前問の表を参照してください。

問題 3. 座屈長さは変形図を描けばわかる

(H24-No.6)

中心圧縮力が作用する図－1のような正方形断面の長柱の弾性座屈荷重 P_e に関する次の記述のうち、最も不適当なものはどれか。ただし、柱は全長にわたって等質等断面とし、柱の長さ及び材端条件は図－2のAからDとする。

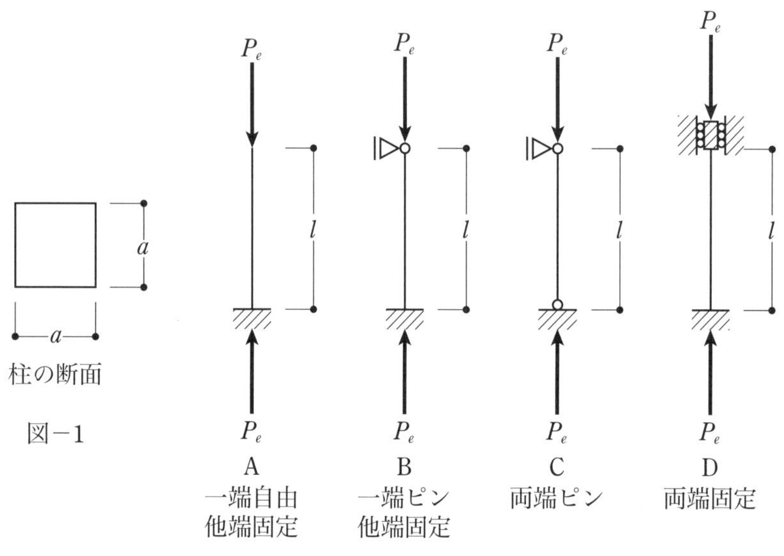

図－1

図－2

1. P_e は、柱の材端条件が、Aの場合よりBの場合のほうが大きい。
2. P_e は、柱の材端条件が、Cの場合よりDの場合のほうが大きい。
3. P_e は、柱の材端条件が、Cの場合よりAの場合のほうが大きい。
4. P_e は、柱の幅 a の四乗に比例する。

解説

弾性座屈荷重は、座屈長さがわからないと求めることができません。また、座屈長さは変形図を描けば直感的に理解できます。前述した単純な支持条件をもつ材の座屈長さの表にA～Dを対応させると次表のようになります。

移動条件	拘束			自由	
回転条件	両端自由	両端拘束	1端自由 他端拘束	両端拘束	1端自由 他端拘束
座屈形	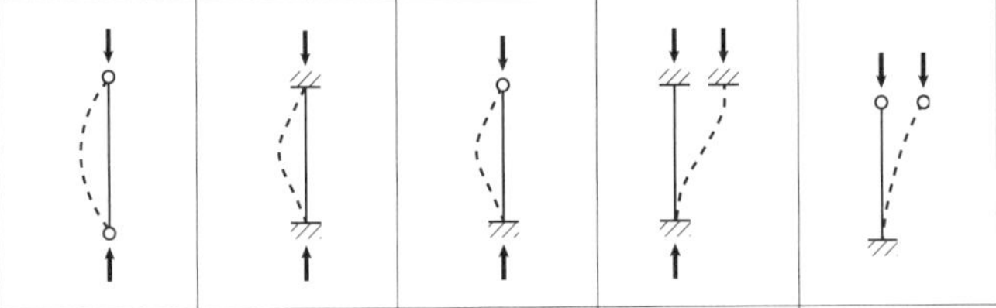				
l_k	l	$0.5l$	$0.7l$	l	$2l$
	⬆ C	⬆ D	⬆ B		⬆ A

柱の座屈長さは、A > C > B > D の順になります。したがって、弾性座屈荷重 P_e は、D > B > C > A の順に並び替わります。この関係さえわかれば、「3.」が最も不適当なものであることがわかります。「4.」の選択肢については、前問の解説を参照してください。

問題 4. 問題を置き換える

（H21-No.6）

図のような支持条件及び断面で同一材質からなる柱A、B、Cにおいて、中心圧縮の弾性座屈荷重の理論値P_A、P_B、P_Cの大小関係として、正しいものは、次のうちどれか。ただし、図中における寸法の単位はcmとする。

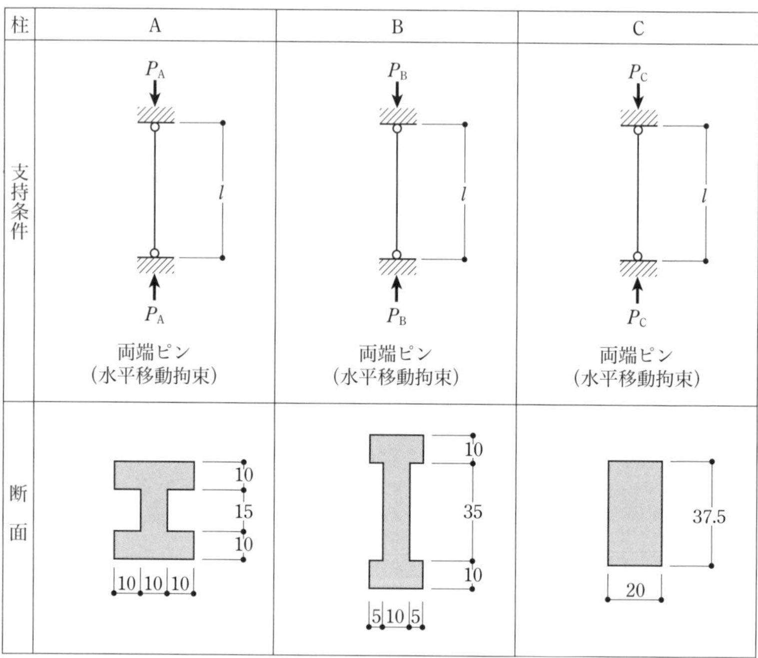

1. $P_A > P_C > P_B$
2. $P_B > P_A > P_C$
3. $P_B > P_C > P_A$
4. $P_C > P_A > P_B$

解説

問題の図のA～Cを比較すると、支持条件が同じなので座屈長さは変わりません。したがって、弾性座屈荷重 Pe は断面二次モーメントの大きさで決まる（比例する）ので、結局はこれらを求める問題に置き換えることができます。

ただ、ここで気をつけてほしいのは、座屈は弱軸（断面二次モーメントが小さい値を示す軸）まわりに生じるという点です。このことは、アクリル製のものさしの両端をもって圧縮力を加えた時、必ず断面の薄い側に座屈することを思い浮かべれば、直感で理解できると思います。

断面二次モーメントを求める方法はすでに「第2章 1.」のところで詳しく解説したので、そちらを参照してください。ここでは、計算式だけを掲載しておきます。

柱A　$I_A = 2 \times \dfrac{10 \times 30^3}{12} + \dfrac{15 \times 10^3}{12} = 46250\text{cm}^4$

柱B　$I_B = 2 \times \dfrac{10 \times 20^3}{12} + \dfrac{35 \times 10^3}{12} = 16250\text{cm}^4$

柱C　$I_C = \dfrac{37.5 \times 20^3}{12} = 25000\text{cm}^4$

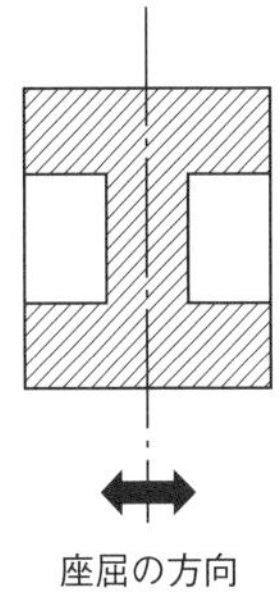

したがって、$I_A > I_C > I_B$ より $P_A > P_C > P_B$

よって、答えは「1.」となります。

3分でおさらい

解き方セルフチェックテスト

設問 1. 次の空欄を埋め、柱のオイラー座屈強度（弾性座屈荷重）を示す式を完成させなさい。

P_e =（　　　　　　　　）

ここで、E：ヤング係数 l_k：座屈長さ

I：座屈軸に関する断面二次モーメント

σ_k =（　　　　　　　　）

ここで、$\lambda = \frac{l_k}{i}$、i：材の最小断面二次半径

設問 2. 次の空欄を埋め、座屈長さの表を完成させなさい。

移動条件	拘束			自由	
回転条件	両端自由	両端拘束	1端自由 他端拘束	両端拘束	1端自由 他端拘束
座屈形					
l_k	l				

答え

設問 1. （順に）$\frac{\pi^2 EI}{l_k{}^2}$、$\frac{\pi^2 E}{\lambda^2}$

設問 2. （順に）$0.5l$、$0.7l$、l、$2l$

第11章

振動／応答

問題 1. 固有周期の公式を暗記せよ

(H28-No.6)

図－1のような頂部に質量m又は$2m$をもち、剛性がK又は$2K$の棒A、B、Cにおける固有周期はそれぞれT_A、T_B、T_Cである。それぞれの棒の脚部に図－2に示す加速度応答スペクトルをもつ地震動が入力されたとき、棒に生じる最大応答せん断力がQ_A、Q_B、Q_Cとなった。Q_A、Q_B、Q_Cの大小関係として、正しいものは、次のうちどれか。ただし、T_A、T_B、T_Cは図－2のT_1、T_2、T_3のいずれかに対応し、応答は水平方向であり、弾性範囲内とする。

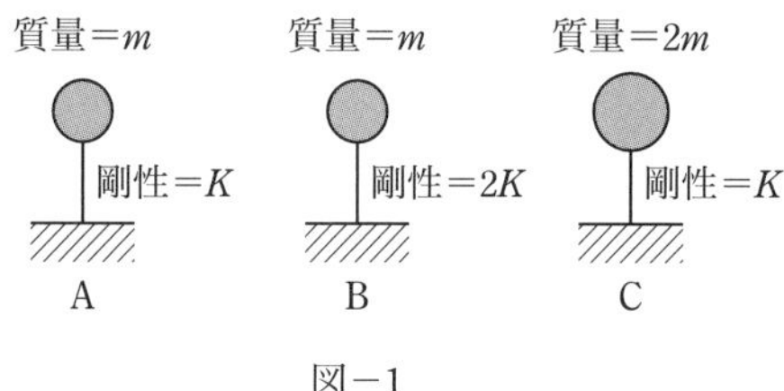

図－1

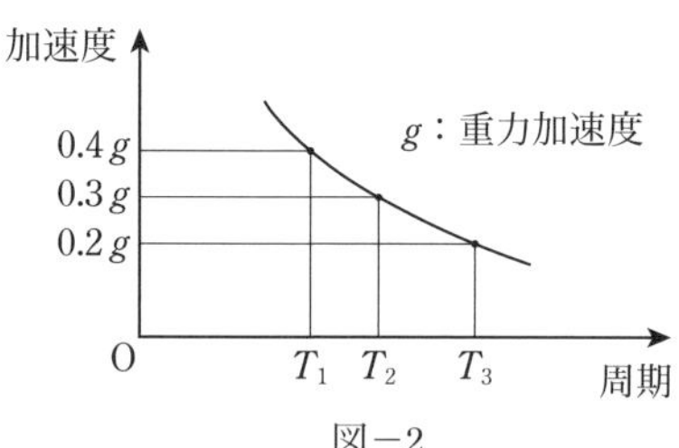

図－2

1. $Q_A < Q_B = Q_C$
2. $Q_B < Q_A = Q_C$
3. $Q_B < Q_A < Q_C$
4. $Q_C < Q_A < Q_B$

解説

これだけは覚えておこう！

1質点系の固有周期 T、応答せん断力 Q は次式で表されます。

$$T = 2\pi\sqrt{\frac{m}{k}}$$

ここで、m：質量　　k：水平剛性

$$Q = m \times a$$

ここで、m：質量　　a：応答加速度

一見して難しそうな印象を受けますが、たいしたことはありません。上の式を知っていれば解ける問題です。

$$T_A = 2\pi\sqrt{\frac{m}{K}} \qquad T_B = 2\pi\sqrt{\frac{m}{2K}} \qquad T_C = 2\pi\sqrt{\frac{2m}{K}}$$

これらの式より、固有周期の大小関係は $T_C > T_A > T_B$ となります。図－2の T_1、T_2、T_3 は、それぞれ T_B、T_A、T_C に相当するので、モデルA～Cの応答加速度は、

$$a_A = 0.3g \qquad a_B = 0.4g \qquad a_C = 0.2g$$

となります。したがって、

$$Q_A = 0.3mg \qquad Q_B = 0.4mg \qquad Q_C = 0.4mg$$

となり、最大応答せん断力の大小関係 $Q_A < Q_B = Q_C$ が得られます。
よって、答えは「1.」となります。

問題 2. ラーメンの水平剛性の式を暗記せよ

(H26-No.7)

図のようなラーメン架構A、B、Cの水平方向の固有周期をそれぞれT_A、T_B、T_Cとしたとき、それらの大小関係として正しいものは、次のうちどれか。ただし、柱の曲げ剛性はそれぞれEI、$2EI$、$3EI$とし、梁は剛体とする。また、柱の質量は考慮しないものとする。

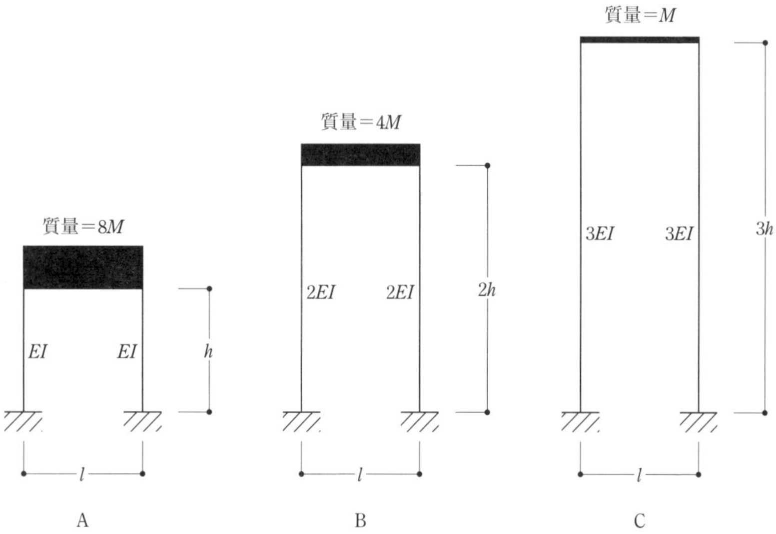

1. $T_A > T_B > T_C$
2. $T_A > T_C > T_B$
3. $T_B > T_A > T_C$
4. $T_B > T_C > T_A$

解説

これだけは覚えておこう！

上下階の梁が剛な場合の柱の水平剛性は次式で表されます。

$$K = \frac{Q}{\delta} = \frac{12EI}{h^3}$$

ここで、Q：せん断力　　E：柱のヤング係数

δ：層間変位　　I：柱の断面二次モーメント

h：階高

上の式を使って、A～C のラーメン架構の水平剛性 K_{A}、K_{B}、K_{C} を求めます。

$$K_{\mathrm{A}} = 2 \times \frac{12EI}{h^3} = \frac{24EI}{h^3} \qquad K_{\mathrm{B}} = 2 \times \frac{12 \times 2EI}{(2h)^3} = \frac{6EI}{h^3}$$

$$K_{\mathrm{C}} = 2 \times \frac{12 \times 3EI}{(3h)^3} = \frac{8EI}{3h^3}$$

したがって、A～C の固有周期 T_{A}、T_{B}、T_{C} は次式のとおり求められます。

$$T_{\mathrm{A}} = 2\pi\sqrt{\frac{8M}{\frac{24EI}{h^3}}} = 2\pi\sqrt{\frac{Mh^3}{3EI}} \qquad T_{\mathrm{B}} = 2\pi\sqrt{\frac{4M}{\frac{6EI}{h^3}}} = 2\pi\sqrt{\frac{2Mh^3}{3EI}}$$

$$T_{\mathrm{C}} = 2\pi\sqrt{\frac{M}{\frac{8EI}{3h^3}}} = 2\pi\sqrt{\frac{3Mh^3}{8EI}}$$

以上より、$T_{\mathrm{B}} > T_{\mathrm{C}} > T_{\mathrm{A}}$、すなわち答えは「4.」となります。

問題 3. 二つの公式で怖いものなし

(H23-No.7)

図のようなラーメン架構A、B、Cの水平方向の固有周期をそれぞれT_A、T_B、T_Cとしたとき、それらの大小関係として、正しいものは、次のうちどれか。ただし、すべての柱は等質等断面とし、すべての梁は剛体とする。

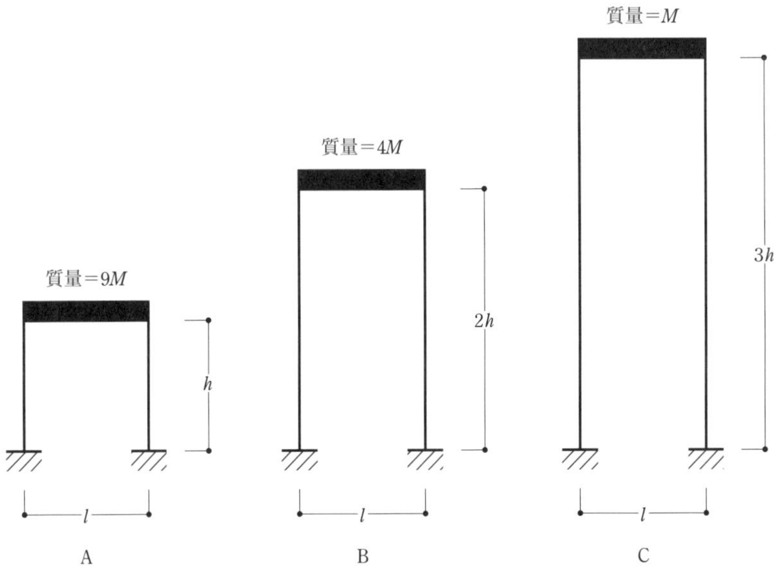

1. $T_A > T_B > T_C$
2. $T_B > T_A = T_C$
3. $T_B > T_C > T_A$
4. $T_C > T_B > T_A$

解説

解説するまでもなく、解き方は前問とまったく同じです。これまで示した二つの式さえ覚えておけば正解が得られます。

柱のヤング係数をE、断面二次モーメントをIとおくと、A～Cのラーメン架構の水平剛性K_A、K_B、K_Cは次のように求められます。

$$K_A = 2 \times \frac{12EI}{h^3} = \frac{24EI}{h^3} \qquad K_A = 2 \times \frac{12EI}{(2h)^3} = \frac{3EI}{h^3}$$

$$K_C = 2 \times \frac{12EI}{(3h)^3} = \frac{8EI}{9h^3}$$

したがって、A～Cの固有周期T_A、T_B、T_Cは次式のとおり求められます。

$$T_A = 2\pi\sqrt{\frac{9M}{\frac{24EI}{h^3}}} = 2\pi\sqrt{\frac{3Mh^3}{8EI}} \qquad T_B = 2\pi\sqrt{\frac{4M}{\frac{3EI}{h^3}}} = 2\pi\sqrt{\frac{4Mh^3}{3EI}}$$

$$T_C = 2\pi\sqrt{\frac{M}{\frac{8EI}{9h^3}}} = 2\pi\sqrt{\frac{9Mh^3}{8EI}}$$

$$\therefore T_A : T_B : T_C = \sqrt{9} : \sqrt{32} : \sqrt{27}$$

以上より、$T_B > T_C > T_A$、すなわち答えは「3.」となります。

3 分でおさらい

解き方セルフチェックテスト

設問 1. 1 質点系の質量 m、水平剛性 k を使って、固有周期 T を求める式を完成させなさい。

$T=($　　　　　　　　　　$)$

設問 2. 上下階の梁が剛な場合、柱の水平剛性を表す式を完成させなさい。

$K=($　　　　　　　　　　$)$

ここで、E：柱のヤング係数

I：柱の断面二次モーメント

h：階高

答え

設問 1. $2\pi\sqrt{\dfrac{m}{k}}$

設問 2. $\dfrac{12EI}{h^3}$

番外編

合格基準点
突破のツボ

1. 試験にはこうして臨む

よほどの幸運が重なるのはさておき、試験で実力以上のものは発揮できません。一定の実力を身につけることは必須ですが、ここでは試験本番で実力を100％出すためのツボをおさえておきたいと思います。

もっとも大事なことは「あせらない」ことです。あせって頭が真っ白になってしまうことは何としても避けなければなりません。試験本番でゆとりなど一つもないと思われるかもしれませんが、学科Ⅳ（構造）の試験で気持ちや時間にゆとりを生むために準備すべきこと、あるいは実践すべきことを書き記しておきます。

どの問題から手をつけていくかは、人によりさまざまでしょうが、わかるものから手をつけることは必須です。できるだけ早い時間に少しでも解答欄を埋めると、それだけで気持ちに余裕ができます。では、どうやって解けるものを見つけていくか、筆者が実践してきたことをご紹介します。

試験が始まると、最初から順に問題を読んでいきます。とくに学科Ⅳ（構造）の場合、試験問題の構成は最初の６題が計算問題なので、順に解いていきます。計算問題を６題解いて20分経過した程度であれば予定どおりであり、あせる必要はまったくありません。

７題目からは文章問題の四肢択一になります。ここでは、四肢択一の文章を順に速読し、明らかに正解（または、最も不適当なもの）ではないものに×印等をつけて選択肢から除外していきます。正解がすぐにわかれば解答すれば良いし、選択肢が残ってしまっても迷うことなく後回しにしていきます。これを最後の問題まで繰り返します。

２巡目からは、選択肢が二つまで絞りきれた問題を順に解いていきます。それを解答し終わると、選択肢が三つ残っている問題を解いていきます。当然ながら、どれが正解かまったくわからない問題は最後に回しますが、わからなくても当たることがあるので、必ず答えるようにしましょう。選択肢の文章の中には、適当か不適当かが直感でわかるものもあります。専門知識がなくても何となく「適当」だと予想がつくので、直感をフル活用することも試験では有効な手段になります。

ところで、参考までに過去12年間の学科Ⅳ（構造）の試験で、どの選択肢（番号）が正解だったか、正解となる選択肢（番号）が何回続いたかを調べてみました。それが次の表です。多少の差こそあれ、どの選択肢も毎年ほぼ同数、正解となっているので、特定の選択肢（番号）に偏っている場合は、どれかが間違っていると考えた方が良さそうです。

過去12年間の正解を与えた選択肢（番号）の分析

年度	正解を与えた選択肢（番号）の回数					連続同番号（回）
	1	2	3	4	5	2題－3題－4題
H20	4	7	5	4	5	3－0－0
H21	7	7	8	8		4－1－0
H22	9	7	7	7		4－1－0
H23	7	7	6	9		5－1－0
H24	8	9	7	6		2－1－0
H25	8	7	7	8		3－2－0
H26	7	8	7	8		4－1－0
H27	7	6	8	9		5－1－0
H28	7	7	8	8		5－0－0
H29	8	6	8	8		4－0－0
H30	8	8	7	7		3－0－0
R1	8	7	7	8		2－1－1

2. 頻出キーワードを押さえる

計算問題6題を全問正解したとしても、残りの文章問題で4割以上の正解をする必要があります。そこで、過去の文章問題を分析して頻出キーワードをまとめてみました。頁数に限りがあり、記号の定義などを省略しているものもありますが、これらの項目を中心に掘り下げて学習するのが効率的ですので、試験対策の参考にしてください。

1 荷重 / 外力

地震荷重

- T ：建築物の一次固有周期（略算式、精算）
- Q_i：地上部分の地震層せん断力（i層の） 最下階が最大
- C_i：地震層せん断力係数（i層の） 上階ほど大きくなる
- Z ：地震地域係数　0.7～1.0の値をとる
- R_t：振動特性係数

  $T \leqq 0.4$秒　第1～3種地盤とも $R_t = 1.0$

  $T > 0.4$秒　Tが長いほど、地盤が硬いほどR_tは小さい
- A_i：地震層せん断力の高さ方向の分布を表す係数（i層の）

  1階は1.0、上階ほど大きくなる

風荷重

- 地表面粗度区分：地表面の粗度（都市化の程度）（Ⅰ～Ⅳ）
- E_r：地表面粗度が大きい（Ⅰ→Ⅳ）ほどE_rの値は小さくなる
- G_f：地表面粗度区分と屋根平均高さから決まるガスト影響係数

雪荷重

- 積雪の単位荷重：20N/m^2/cm（多雪区域以外）
- 多雪区域の荷重の組合せ（多雪区域以外は組合せの検討不要）

常　時　$G+P+0.7S$

暴風時　$G+P+0.35S+W$

地震時　$G+P+0.35S+K$

積載荷重

- 積載荷重の大きさ：床用＞架構用＞地震用
- 店舗売場　2900N/m^2＞教室　2300N/m^2＞住宅　1800N/m^2
- 学校の屋上　2900N/m^2＞教室　2300N/m^2
- 教室、百貨店、店舗等に通じる廊下、階段　3500N/m^2
- 百貨店の屋上広場は店舗売場と同じ値（2900N/m^2）をとる

2　構造計画 / 構造計算

設計ルート

- RC造：ルート1　コンクリート強度による割増係数α

  ルート2　設計用地震時せん断力の割増係数n
- S造　：ルート1-1　$C_0=0.3$、筋かいは保有水平耐力接合

  ルート1-2　1-1に加え、偏心率の確認が必要

  ルート2　水平力の分担率（β）に応じて地震力割増し

  冷間成形角形鋼管柱の耐力比確保（≧1.5）

RC部材の剛性評価

- スリット付き部材の剛性評価：腰壁、そで壁の影響を無視
- 耐力壁の剛性、耐力評価：開口の大きさに応じて低減

RC部材の許容応力度

- 鉄筋の長期許容引張応力度

  SD345　D25以下：215N/mm^2　D29以上：195N/mm^2（低減）
- 梁の許容曲げモーメント

  ①　圧縮側のコンクリートが先に最大耐力に達する

  ②　引張側の鉄筋が先に最大耐力に達する

  のうち、いずれか小さいほうの値

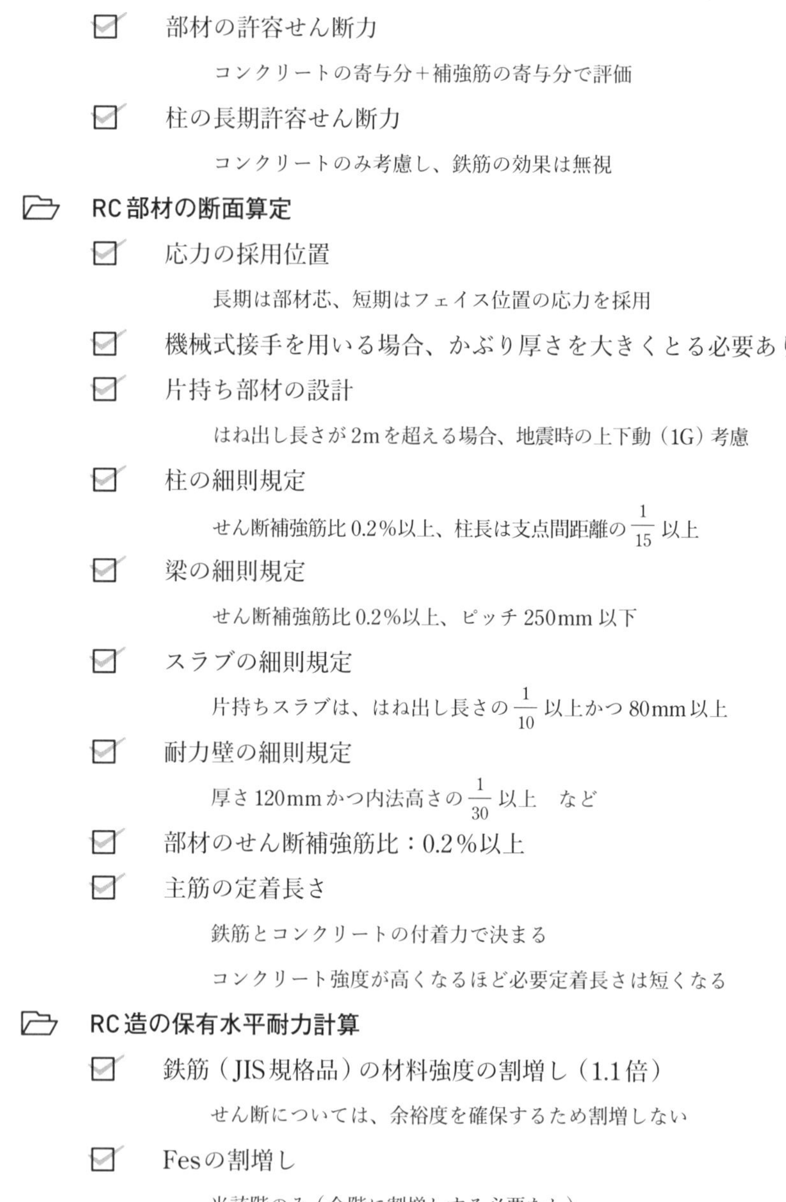

☑ 部材の許容せん断力

コンクリートの寄与分＋補強筋の寄与分で評価

☑ 柱の長期許容せん断力

コンクリートのみ考慮し、鉄筋の効果は無視

RC部材の断面算定

☑ 応力の採用位置

長期は部材芯、短期はフェイス位置の応力を採用

☑ 機械式接手を用いる場合、かぶり厚さを大きくとる必要あり

☑ 片持ち部材の設計

はね出し長さが2mを超える場合、地震時の上下動（1G）考慮

☑ 柱の細則規定

せん断補強筋比0.2％以上、柱長は支点間距離の $\frac{1}{15}$ 以上

☑ 梁の細則規定

せん断補強筋比0.2％以上、ピッチ250mm以下

☑ スラブの細則規定

片持ちスラブは、はね出し長さの $\frac{1}{10}$ 以上かつ80mm以上

☑ 耐力壁の細則規定

厚さ120mmかつ内法高さの $\frac{1}{30}$ 以上　など

☑ 部材のせん断補強筋比：0.2％以上

☑ 主筋の定着長さ

鉄筋とコンクリートの付着力で決まる

コンクリート強度が高くなるほど必要定着長さは短くなる

RC造の保有水平耐力計算

☑ 鉄筋（JIS規格品）の材料強度の割増し（1.1倍）

せん断については、余裕度を確保するため割増しない

☑ Fesの割増し

当該階のみ（全階に割増しする必要なし）

- 構造特性係数D_S
  耐力壁の水平分担率β_uを小さくするとD_Sは小さくなる
  じん性が低い（高い）ほど、D_Sは大きく（小さく）なる
  $\frac{\tau_u}{F}$が0.15以下の場合、梁の種別はFA
- 梁の設計用せん断力
  両端ヒンジ→1.1倍、それ以外→1.2倍

RC部材の耐久性向上

- コンクリート強度、かぶり厚さ大→ひび割れ、中性化を抑制

PC造

- Ⅰ種、Ⅱ種：曲げひび割れを許容しない
- Ⅲ種：曲げひび割れの発生を許容、ひび割れ幅を目標値以下

SRC部材の断面算定

- SRC柱のせん断設計
  SとRC部分の曲げモーメントの分担率に応じて負担せん断力を分け、各応力に対し許容せん断力以下であることを確認

S造部材の座屈

- 弾性座屈荷重：$P_e = \frac{\pi^2 EI}{{l_k}^2}$
- 限界細長比：$\Lambda = \sqrt{\frac{\pi^2 E}{0.6F}}$
- 柱の有効細長比：200以下（小さいほど座屈しにくい）

S造部材の許容応力度

- 基準強度F：板厚40mmを超えるとF値が小さくなる
- 許容圧縮応力度
  有効細長比λが大きいほど座屈しやすく、小さくなる
  弱軸まわりの断面二次半径（i_y）を用いて計算

S造関連の規定

- 幅厚比（＝幅／板厚）
  - 鋼材の基準強度が大きくなるほど、規定値は小さくなる
  - 幅厚比が大きいほど、局部座屈しやすくなる
- 横補剛
  - 横補剛材に十分な強度と剛性が必要（0.02N以上）
  - 均等配置と梁端部に近い部分に多く配置する二つの方法あり
  - 鋼材強度を上げるほど横補剛材の数も増える
- 保有水平耐力接合
  - 継手部、接合部で壊さず、母材で壊すのが原則
- 降伏比（＝降伏点耐力／引張強さ）
  - 降伏比が小さいほど、じん性が高い

構造計画

- アスペクト比の大きい建築物ほど転倒しやすくなる
- 連層耐力壁を中央に設けると、境界梁等のおさえ効果で浮上り抵抗が増し有効
- 地震時の柱の軸力変動：外柱＞中柱
- 梁の変形、たわみ：部材剛性に関係、材料強度とは無関係
- 異種基礎：沈下性状が異なるので避ける
- パイルドラフト基礎：杭と直接基礎双方で支持、沈下の検討要

地下外壁、擁壁

- 土圧の大きさ：受働土圧＞静止土圧＞主働土圧
- 擁壁の転倒：1.5倍の安全率
- 地下外壁：土圧だけでなく、水圧、上載荷重も考慮する

壁式構造

- 地階を除く階数5以下、かつ軒高20m以下
- 最上階のせん断補強筋比：0.15％以上

- 階高3.5mを超えると保有水平耐力計算が必要

品確法に基づく日本住宅性能表示基準

- 耐震等級：等級3（1.5）＞等級2（1.25）＞等級1（1.0）

特定天井

- 高さ6m超、面積200m^2超、質量2kg/m^2超の吊り天井が対象
- 天井の質量2kg/m^2以下の場合は仕様ルートも可

耐火設計

- 出火から一定時間以上建物の倒壊を防止することを目標

耐震診断

- 耐震性評価：一次診断法　$Is \geqq 0.8$、二次/三次診断法　$Is \geqq 0.6$
- 経年指標T：年数、ひび割れ、中性化深さなどを考慮
- 形状指標S_D：平面、断面形状、剛性率/偏心率などを考慮

3　材料

コンクリート

- 圧縮強度

  水セメント比、供試体の寸法が小さいほど大

  セメント粒子が細かいほど初期強度の発現早くなる

- せん断弾性係数

$$G = \frac{E}{2(1+\nu)} \fallingdotseq 0.4E \qquad (\nu = 0.2)$$

- ヤング係数

  コンクリート強度が高く、気乾単位体積重量が大きいほど大

- 引張強度：圧縮強度の$\frac{1}{10}$
- 乾燥収縮によるひび割れ

  水セメント比が同じ場合、単位セメント量が多いコンクリートほど

  発生しやすい（水和熱、乾燥収縮大）

☑ 中性化速度

圧縮強度が大きいほど、水セメント比小さいほど遅い

☑ AE剤、AE減水剤

凍結誘拐作用に対する抵抗性、ワーカビリティ向上

☑ 支圧強度：局部圧縮を受ける場合>全面圧縮を受ける場合

☑ $80N/mm^2$以上の高強度コンクリート：火災時の爆裂防止対策要

☑ 高炉セメント

産業廃棄物を原料とし、環境に配慮

初期強度の発現遅いが、水和熱が小さいのでマスコンに使用

☑ クリープ変形

荷重を取り除いても変形は残る、圧縮側鉄筋は抑制効果あり

鋼材

☑ 炭素鋼：硫黄は鋼の靭性、延性に悪影響を与え、シャルピー吸収エネルギーや板厚方向の絞り値の低下を招く

☑ 炭素含有量が多いほど破断までの伸びが小さくなる

☑ 降伏比＝降伏点/引張強さ

☑ SN490B：引張強さの下限値（$490N/mm^2$）

厚さ12mm以上は降伏点または耐力の上下限値も規定

低降伏点鋼：地震時のエネルギー吸収用のダンパーに使用

☑ SD295：降伏点（$295N/mm^2$）

☑ 高力ボルトF10T：引張強さ（$1000N/mm^2$）をtf/cm^2で表示

☑ 熱間圧延鋼材の強度：圧延方向>板厚方向

☑ シャルピー衝撃試験：衝撃値が小さいほど脆い

☑ TMCP鋼：t>40mmでも40mm以下と同じ基準強度

☑ ヤング係数

ステンレス鋼（$1.9\times10^5N/mm^2$）耐食性、耐火性で有利

アルミニウム合金（$0.7\times10^5N/mm^2$）

- ☑ SUS304：溶接性に優れている
- ☑ 圧延鋼の降伏点

  板厚が薄いほど圧延加工によって降伏点は上がる
- ☑ 冷間成形角形鋼管

  角部のひずみ硬化により変形性能低下

  柱梁仕口部には通しダイアフラム形式、内ダイアフラム形式、外ダイアフラム形式の3タイプある

木

- ☑ 普通コンクリートに比べて熱伝導率小さい
- ☑ 含水率：25％以下（25～35％を超えると腐朽しやすくなる）
- ☑ 腐朽：酸素、温度、水分、栄養素のどれが欠けても生じない
- ☑ 耐腐朽性：心材＞辺材
- ☑ 繊維方向の基準強度：曲げ＞圧縮＞引張＞せん断＞めりこみ
- ☑ 繊維直交方向の強度：曲げ＞圧縮＞引張＞めりこみ＞せん断
- ☑ 乾燥収縮率：年輪接線方向＞半径方向＞繊維方向
- ☑ 木材の強度：気乾比重が大きいほど強度が高い
- ☑ 木表（辺材）は木裏（心材）に比べて乾燥収縮大
- ☑ 弾性係数：含水率の低下に伴い、増大する

4 地盤

土質

- ☑ 土の粒径：れき＞砂＞シルト＞粘土
- ☑ 含水比：粘性土＞砂質土

地盤調査

- ☑ スウェーデン式サウンディング試験
- ☑ 標準貫入試験（*N*値）
- ☑ 孔内水平載荷試験

- ☑ 平板載荷試験
- ☑ 一軸圧縮試験：一軸圧縮強さqu、粘着力Cなどを求める
- ☑ 三軸圧縮試験：粘性土、砂質土の内部まさつ角、粘着力算出
- ☑ 圧密試験：粘性土の沈下特性を調べる
- ☑ 試料の状態

  乱した試料：物理試験（粒度試験、含水比試験など）

  乱さない試料：力学試験（一軸、三軸圧縮試験）、圧密試験
- ☑ 常時微動測定
- ☑ PS検層：弾性波（P波、S波）の深さ方向の速度分布を測定

地盤の許容支持力度

- ☑ 支持力度：地盤の粘着力、地盤の自重、根入れ効果を評価
- ☑ 長期（短期）許容支持力度：極限支持力度の$\frac{1}{3}$（$\frac{2}{3}$）
- ☑ 内部まさつ角：N値が大きいほど大
- ☑ 地盤の許容支持力度：基礎の根入れ深さが深いほど大
- ☑ N値のもつ意味

  砂質土：相対密度を示す

  粘性土：硬軟を示す（N値10だと相当硬い）

  N値が同じなら粘性土のほうが支持力度大
- ☑ 二層地盤

  支持層直下に軟弱な地層が存在する地盤

  二層地盤としての支持力、（即時、圧密）沈下の検討要

地盤の性質

- ☑ 圧密沈下：水が外へ排出され、体積が圧縮され沈下する現象
- ☑ 液状化する条件（すべて満たすと生じる）

  ①砂質地盤（均一な粒径）　②緩い地盤（N値15前後）

  ③地下水の存在（砂層が地下水に満たされている）

杭基礎

- ☑ 支持力：先端支持力＋周面まさつ力
- ☑ 杭先端付近の地盤の平均 N 値：60を超える場合は60とする
- ☑ 水平地盤反力係数

  液状化、群杭により低減、杭径が大きいほど小さくなる
- ☑ 杭に作用する地震時水平力

  建物の地上高さ、基礎スラブの根入れ深さに応じて低減可
- ☑ 地震時杭頭曲げモーメント

  杭頭の固定度が大きいほど、杭径が小さいほど、大
- ☑ 杭間隔が十分確保できない場合：群杭効果を考慮して設計
- ☑ 負のまさつ力

  粘性土層の圧密沈下に伴い杭を下方に引きずり込む力が作用

  圧密未了の粘性土層では検討が必要
- ☑ 極限周面まさつ力（砂質地盤）

  場所打ち杭＞埋込み杭＞打込み杭
- ☑ 鋼管杭の腐食しろ：1mm

直接基礎

- ☑ 根入れ深さ D_f を考慮する場合、隣接建物の影響を考慮
- ☑ 即時沈下量：基礎面積が大きいほど沈下量は大きくなる

擁壁

- ☑ フーチングの滑動抵抗力

  砂質地盤：フーチング底面のまさつ力のみの抵抗力（0.55）

  粘土地盤：粘着力のみの抵抗力（0.35）

5　鉄筋コンクリート造

基本的性質

- 鉄筋とコンクリートの線膨張係数がほぼ等しい

強度、じん性能

- 帯筋の拘束度合いが大きいほど、柱の軸圧縮耐力は大きくなる
- じん性能向上（脆性破壊防止）
  - 部材のせん断応力度を小さくする（断面を大きくする）
  - 部材のせん断耐力を上げる（補強筋、コンクリート強度増）
  - 部材の圧縮応力度を小さくする
  - 短柱を避ける
  - 過密配筋を避ける（多いと付着割裂破壊が生じやすくなる）
- 耐震性能向上
  - 強度、塑性変形能力を上げる
  - 軽量化（地震力を減らして見かけの耐力を増やす）

部材耐力

- 曲げ耐力
  - 主筋本数、強度を上げるほど大（コンクリートは無関係）
- せん断耐力
  - コンクリート強度を上げ、せん断補強筋を増やすほど大
- 接合部耐力
  - コンクリート強度、接合部の有効幅、接合部形状で決定

鉄骨鉄筋コンクリート造

- 耐震性能：充腹型鉄骨＞非充腹型鉄骨

6　鉄骨造

溶接

- パス間温度の管理

- ☑ 突合せ溶接の許容応力度：母材と同じ値をとる
- ☑ 許容曲げ / 引張応力度：隅肉溶接は突合せ溶接の $\frac{1}{\sqrt{3}}$ 倍
- ☑ 許容せん断応力度：突合せ溶接、隅肉溶接とも同じ値
- ☑ フランジ：突合せ溶接　ウェブ：隅肉溶接
- ☑ ショートビード：冷却速度が速く、低温割れの危険性大
- ☑ 低温割れ防止：溶接開始時の最低温度、余熱の管理を行う
- ☑ 鋼製エンドタブ：塑性ヒンジを形成しない部位は切断不要
- ☑ 内部欠陥の検出：超音波探傷試験が有効
- ☑ 表面欠陥の検出：磁粉探傷試験が有効

高力ボルト

- ☑ せん断と引張が同時に作用する場合、引張力の大きさに応じて許容せん断力を低減
- ☑ 高力ボルト接合と溶接接合を併用する場合

  高力ボルト接合を先にする場合：耐力を加算できる

  溶接接合を先にする場合：溶接耐力のみ評価
- ☑ ボルト孔の径：ボルト径＋1mm以下

  （耐力上支障なし→1.5mm）

柱脚

- ☑ 柱脚形式（露出、根巻、埋込）の仕様規定（省略）

ブレース

- ☑ 山形鋼 / 溝形鋼

  ボルト孔突出脚の無効部分を差し引いた有効断面積で計算

CFT造

- ☑ （S造柱と比べて）CFT柱の塑性変形能力大、軸力比・鋼管の幅厚比制限が緩和

7　木造

許容応力度

- 繊維方向の長期許容応力度：基準強度の $\frac{2}{3}$ 倍
- 繊維方向の積雪時許容応力度：長期の1.3倍

耐力評価

- 釘とボルトを併用した時、それぞれの許容耐力を加算できない

在来軸組工法

- おもな仕様規定
- 筋かいのサイズ

  引張力のみを負担する場合　15×90mm以上

  引張力、圧縮力とも負担する場合　30×90mm以上
- 軸組の両面に同じ構造用合板を1枚ずつ釘打ちした場合の耐力壁の倍率は2倍（2枚まとめて釘打ちは不可）
- 防腐処理材：仕口・継ぎ手の加工部分は再処理の必要あり
- 土台には耐久性があり、腐朽しにくい心材を使用

壁量規定

- 壁倍率

  筋かいをたすき掛けすると片掛けの2倍（ただし5未満）
- 必要壁量：15cm/m^2×床面積（四分割法の場合）
- 充足率：存在壁量/必要壁量
- 壁率比：充足率の小さい値/充足率の大きい値
- 壁率比が0.5未満であっても充足率が1を超えていればOK
- 必要壁量は各方向とも同じ値をとる
- 風荷重に対する必要壁量

  床面積ではなく見付け面積が関係する

  当該階の床面から1.35m以上の部分の見付け面積で計算

  見付け面積に乗ずる数値は建築物の階数や階によらず同一

その他

- LVL：Laminated Veneer Lumber（単層積層材）
- CLT：Cross Laminated Timber（直交集成板）

8 免震 / 制振

免震構造

- 水平力を小さくできるが、免震層の変位は大きくなる
- 上部構造の水平剛性が大きいほど免震効果大(応答加速度小)
- 免震タイプ

  基礎免震：免震部材に耐火被覆不要

  中間階免震：免震部材に耐火被覆必要（柱材とみなされる）
- 免震装置：アイソレータとダンパー
- 積層ゴム支承の特性

  上下方向の免震効果は期待できない

  アイソレータに大きな引張力が生じないよう計画する
- ダンパー少ないとエネルギー吸収少なく、免震層の応答変位大
- 二次形状係数S_2：ゴム直径 / 全ゴム層厚

制振構造

- 主架構への取付部、周辺部材の剛性 / 強度が高いほど効果を発揮
- 履歴型鋼材ダンパー：金属の塑性変形能力を利用
- 制振効果：ブレース型>間柱型

おわりに

「3分」という時間は、長いようで短く、短いようで長い。一般的には、楽しいことをしていると短いと感じ、いやなこと、気が進まないことをしていると長く感じます。しかし、問題を解く時にそれを短いと思ってしまうと、やっかいなことに焦りにつながります。試験では焦りは禁物です。そのため、3分という時間に対して「かなりのことができる」という感覚をもっていることが大事です。

JR東海のホームページによると、新幹線のN700系の先頭車両の全長は27.35m、中間車両の全長はちょうど25mあるそうです。「不動産の表示に関する公正競争規約」による算出方法で、3分間で1号車からどこまで歩けるかを求めると10号車の中央あたりまで歩ける計算になります。また、「ラジオ体操第1」をひととおりやり終えるのに要する時間も約3分ですが、この間に問題を一つ解けば良いと考えることができたら、しめたものです。

資格試験では、他人と点数を競う必要がありません。一定の合格基準点を上回りさえすれば良く、100点満点を狙う必要もありません。もちろん、1点でも多く取るに越したことはないのですが、マニアックな問題に時間を費やし過ぎて点の取れる問題に手をつけられなくなることだけは、何としても避けなければいけません。

構造力学の計算問題は、過去12年間、出題される内容がほとんど同じなので、解き方さえ知っておけばどんな問題も正解できます。また、文章問題についても、年によって出題される問題のキーワードに若干の変化が見られますが、問うている内容はさほど変わっていません。付録に示したキーワードを中心に学習していくのがもっとも効率的です。試験のツボをマスターして、ぜひ一級建築士免許を手にしてください。

今回、本書のカバーデザインと本文デザインを娘のIyo Yamauraが担当しました。自分が思い描く本書のイメージを具現化できるグラフィックデザイナーを探していて、それがたまたま娘だったというだけのことですが、図らずも誌上で親子コラボが実現しました。試験問題の想定外は困りますが、こちらの想定外は何回あっても大歓迎です。

本書の出版の機会を与えてくださった株式会社学芸出版社に対し、深く謝意を表します。同社編集部の岩崎健一郎氏には、今回も企画から編集、そして出版に至るまでたいへんお世話になりました。ここに厚くお礼を申し上げます。

2020年2月吉日

山浦晋弘

参考文献

1　『直感で理解する！ 構造力学の基本』

日本建築協会・企画　山浦晋弘・著　学芸出版社・刊

2018年3月（参照頁は本文中に記載）

2　『直感で理解する！ 構造設計の基本』

日本建築協会・企画　山浦晋弘・著　学芸出版社・刊

2016年4月（参照頁は本文中に記載）

著者

山浦晋弘　（やまうら　のぶひろ）

1958年大阪府に生まれる。1984年大阪市立大学大学院工学研究科（建築学専攻）修了後、株式会社安井建築設計事務所入社、現在に至る。理事、構造部長。2010年より大阪市立大学非常勤講師。著書に『直感で理解する！構造設計の基本』『直感で理解する！構造力学の基本』。
一級建築士、構造設計一級建築士、JSCA建築構造士、APECエンジニア。

3分で解く！一級建築士試験　構造力学

2020年3月5日　第1版第1刷発行
2023年6月10日　第1版第2刷発行

著者　山浦晋弘

発行者　井口夏実
発行所　株式会社　学芸出版社
〒600-8216
京都市下京区木津屋橋通西洞院東入
電話 075-343-0811
http://www.gakugei-pub.jp
E-mail info@gakugei-pub.jp

編集担当　岩崎健一郎

装丁　Iyo Yamaura
本文デザイン　Iyo Yamaura
印刷　イチダ写真製版
製本　新生製本

© 山浦晋弘　2020
ISBN 978-4-7615-2733-4　Printed in Japan

JCOPY 〈(社)出版者著作権管理機構委託出版物〉
本書の無断複写（電子化を含む）は著作権法上での例外を除き禁じられています。複写される場合は、そのつど事前に、(社)出版者著作権管理機構（電話 03-5244-5088、FAX03-5244-5089、e-mail: info@jcopy.or.jp）の許諾を得てください。
また本書を代行業者等の第三者に依頼してスキャンやデジタル化することは、たとえ個人や家庭内での利用でも著作権法違反です。

好評既刊

直感で理解する！構造設計の基本

日本建築協会 企画　山浦晋弘 著

A5・216頁・定価 本体2400円＋税

著者の実務家・教員としての豊富な経験をもとに、設計者としての心得から構造計画、設計、施工に至るまで、実務で押さえておくべき項目や設計上の盲点（落とし穴）を、難しい数式を用いず、手描きのイラストや写真、図表と平易な文章で直感的に理解できるよう解説。構造設計の基本的な考え方と設計のセンスが身につく一冊。

直感で理解する！構造力学の基本

日本建築協会 企画　山浦晋弘 著

A5・216頁・定価 本体2400円＋税

楽しい手描きイラストとわかりやすい文章が好評の「直感」シリーズ第2弾。著者の建築実務家・教員としての豊富な経験をもとに、建築を学び実務に当たる上で知っておくべき構造力学の基本をやさしく解説。「構造力学」の先にある「構造設計」の魅力が見えてくる一冊。一級建築士試験にも役立つ「力学問題アラカルト」付き。

スタンダード　一級建築士

建築資格試験研究会 編著　A5・476頁・定価 本体3000円＋税

建築士試験は最早「よく出る」対策だけでは合格しない。本書は、過去の出題や新傾向の難問を吟味し、出題された内容のすべてが基本に戻って学べるよう、初歩から丁寧に解説し理解力UPをはかる。学科試験の復習と整理、問題チェックがこの1冊でできる、建築士受験の王道をいく定番テキスト。「解答と解説」が切り離せて便利。

一級建築士試験出題キーワード別問題集

全日本建築士会 監修／建築資格試験研究会 編　A5・656頁・定価 本体2800円＋税

一級建築士試験「学科試験」の出題傾向を徹底分析し、過去7年分の問題を出題キーワード別に収録した。出題頻度と問題の傾向が一目でわかり、受験対策が効率よく進められる画期的な問題集。類似問題の集中学習で確実な実力アップができるとともに、試験直前の問題研究にも役立つ。すべての問題に解法のポイントを的確に解説。

第二版　一級建築士合格戦略　法規のウラ指導

教育的ウラ指導 編著　A5・584頁・定価 本体3200円＋税

建築法規の大人気受験書、第二版！学習効率を高める1問1答形式と図解による計算問題のほか、条文解説もさらに充実。項目別に原文を示しながら約500を徹底解説。独学合格者たちのノウハウで「体系的な理解」をサポートする。出題者の意図を読み取って法規を完全攻略。本番で点数を稼ごう！

学芸出版社 | Gakugei Shuppansha

- 図書目録
- セミナー情報
- 電子書籍
- おすすめの1冊
- メルマガ申込（新刊＆イベント案内）
- Twitter
- Facebook

建築・まちづくり・
コミュニティデザインの
ポータルサイト

WEB GAKUGEI
www.gakugei-pub.jp/